國中趣味科學
實驗教學

States Fun Science
Experimental Teaching

楊明獻 著

自 序

　　近幾年來，教育改革喊聲震天，從佐藤學的學習共同體、合作學習、翻轉教育、均一教育平台等，每年都會推出新的教育方法或多元的教育模式，這些都有助於刺激教師們拓展視野，並將這些刺激轉化成能量帶進課堂中，讓學生的學習效率能夠提升。如果說哪個領域科目推動合作學習最容易得心應手？應是自然科莫屬。因爲久遠以來，實驗課程所進行的模式便是合作學習，照理說我們學生對自然科的學習成就應該高於其他科目，甚至應該是學生最喜歡的科目才是。不過在2010年天下雜誌《科學教育決勝未來》所做的調查中卻指出：近二成的學生討厭理化科、而且覺得理化課太多，近七成的學生覺得理化科太難，近四成的學生沒做過實驗、近四成的學生一週頂多一次實驗，而半數以上的學生也希望老師能夠一週讓學生做一次實驗。由此可知，學生渴望參與實驗學習的動機強烈，但是我們老師卻難以落實「實驗課程」，難怪諸如合作學習等教育改革的推動總是效果有限，多方調查訪談在教育現場的理化教師：「爲何不願意多帶學生做實驗呢？」得到的答案不外乎：「器材準備耗時又麻煩」、「課本的實驗對多數學生來說，無法引起興趣，最後多數學生淪爲在實驗室聊天」、「老師本身也不知道怎麼操作實驗課程」、「教師對實驗的知識有限，很怕實驗結果不

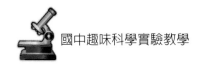

如預期，會被學生問倒」、「實驗很危險，怕會出意外」、「課本的實驗太少，教師也不知道還有什麼實驗可做」等，由上述的理由可以知道，自然科教師本身對實驗教學的涉獵不多，且鮮少花時間進行科學實驗的研究，即便坊間科學實驗書頗多，老師卻很少用在教學之上，最大的原因還是在於坊間科學叢書缺乏系統性地配合教科書的章節介紹實驗，本書便是針對國中教師的需求按照教科書的章節介紹可使用的趣味科學實驗，其中包括適用的年級、適用的章節、原理的介紹、融入的時間點、實驗操作方式及其替代方法、最後寫出學生對此實驗的反應、可能出現的疑問、實驗的注意事項及改進方法，讓使用此書的教師能夠在「無痛」及「快速上手」的情況下，快樂地使用此書教學，讓學生體驗科學的趣味性與生活化，誠如台大葉丙成教授所說：「老師的價值不只是講課，而是啟動每位學生的學習動機」，喜愛實驗活動的教師才能點燃學生的學習動機、激發學生探索未知的樂趣及動手操作、解決問題的能力，才能帶給學生翻轉的希望。

作者簡介

楊明獻

 ## 學　歷

國立台灣科技大學　化學工程系
國立台中教育大學　環境教育研究所

 ## 教師經歷

苗栗縣立大湖國中理化教師兼教務主任

苗栗縣國中自然與生活科技科輔導團員

教育部防災科技教育深耕實驗計畫——國中教材編審

教育部中區防災教育深耕輔導教師

教育部防災教育動畫及互動遊戲製作審查委員

桃園縣、苗栗縣教學卓越評審委員、教學卓越獎全國評審委員

95～104年發表教學方面個人著作共計11篇

99～103年主持教育部中小學科學教育計畫獲選為優等科教專案

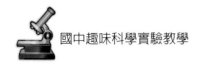 國中趣味科學實驗教學

 個人得獎

99年教育部教學卓越獎金質獎得主

100年教育部師鐸獎得主

103年第二屆星雲教育獎得主

 個人著作

楊明獻、林明瑞（2006），國中「自然與生活科技」領域實驗課程環保問題分析與改進方案。北市師環教季刊，63期。

楊明獻（2006），國中「自然與生活科技」領域實驗課程設計與實驗室的廢污處理及管理之環保問題分析。菁莪季刊，18(3)，53-64。

楊明獻（2006），以訪談法瞭解國中自然與生活科技教師對實驗課程的環保情況之看法。科學教育與研究發展季刊，45期，21-38。

楊明獻、林明瑞（2006），國中「自然與生活科技」教師在實驗課程中的環保認知、環保態度及環保行為之研究。環境教育學刊，95(5)期，37-67。

楊明獻（2007），國中實驗課程的環保問題與實驗單元改進方案。菁莪季刊，19(2)，69-77。

楊明獻（2007），改進國中理化課程教學之行動研究—以「光與折射」單元為例。科學教育月刊，306期，27-42。

楊明獻（2007），趣味科學實驗融入國中理化課程。科學教育月刊，315期，51-63。

楊明獻（2009），防災科技教育深耕實驗計畫——九年一貫防災教材編修與出版——國民中小學防災教材教案彙編。防災教育教學手冊第四階段（國中7-9年級）——地震篇。台中。

楊明獻（2010），改進國中理化課程教學——以「電壓與電流」單元為例。科學教育月刊，328期，29-44。

楊明獻（2013），改進國中理化課程教學——趣味科學實驗。科學教育月刊，361期，50-62。

楊明獻（2014），趣味力學實驗。科學教育月刊，373期，21-35。

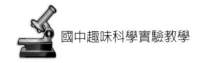

目　次

壹、前言

貳、國中八年級的趣味實驗課程

參、國中九年級的趣味實驗課程

肆、參考資料

壹、前言

　　近來教育思潮多變，強調合作學習及教與學易位的翻轉教育興起，教師已經不能再以傳統的教學方式教育新一代的學子，一個因應多元教學的專業教師，應是能靈活轉換教學策略並對學習者的學習條件掌握得宜者。其中科學課程長期以來一直是我國相當重視的教育環節，臺灣學生參加世界級的科學競賽能有出色的表現，皆與我國長期注入心血有關，然而從近年來的會考成績及教學現場調查中發現，學生對自然科學學習意願低落、學習成效不彰，有鑑於此，欲提昇學生對科學的學習成效，必須使學習者能有興趣地主動參與學習過程，故以趣味科學的教學方式，增進學生的學習興趣及意願，進而從遊戲當中闡述高深的科學原理，讓學生易於體會科學意涵，如此一來，學生便不會恐懼學習科學課程，亦能提升學生創造思考的能力。

　　趣味科學乃是「以生活的簡單題材，在生活化、趣味化、安全、操作簡單、有實質的意義及容易成功的原則下，所設計讓參與者能親自操作，並藉由活動過程引起科學興趣，獲得科學知識的科學活動」。趣味科學實驗與科學實驗最大的不同點，在於趣味科學實驗並不像一般課本實驗那樣在意操作過程的嚴謹度，同時也不必過度強調所謂的次序性的實驗步驟、及充滿數據的實驗結果。趣味

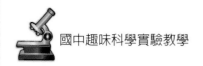

科學是將科學活動遊戲化、趣味化，利用生活中隨手可得的材料進行活動，讓學童從富含科學寓意的活動中，體會科學原理，體認科學就在我們的身邊。若想將趣味科學變為教學課程的一部分，必須要把握的重要原則便是必須讓學生有「動腦筋」的機會，即掌握主動探究或解決問題的原則，而不只是玩一玩就結束教學活動，否則科學的教育意義便大幅降低。

　　根據親子天下調查，現今的教學必須強調「動手做」的重要性。現今的學生都很聰明，書也讀得不少，但是多半缺乏動手做好一件事的歷練。學校裡的考試太多，學生要日以繼夜的準備，雖然學校也安排了科學實驗課程，但往往是把實驗課本當食譜，一個口令一個動作，相當無趣（此外，學校實驗課程本身設計也與生活脫節）。因此，身為教育工作者的我們應該要知道：唯有實作的、生動有趣的學習，才是具體獲得知識的最佳方法；唯有經過理解的知識，才能成為帶得走的能力。本書針對國中的理化課程進行分析，挑選出四十九個趣味科學實驗，從如何融入原本的課程中、準備材料、實驗操作的細節，到學生參與後的反應、科學實驗的價值探討，有別於坊間的科學書籍，冀望作為國中理化科教師教學上的參考，以期教師能翻轉長期以來的教學模式，帶領我們學生走進實用又趣味的科學殿堂。

年　段	課本章節	趣味科學課程
國中八年級 自然第三冊	緒論與密度	全能估量王、密度大考驗
	水與空氣	可樂噴泉、可樂冰沙
	波動與聲音	空氣炮滅燭、音樂高腳杯
		竹蟬、養樂多魔笛、吸管笛
	光與顏色	鏡子多角度實驗、潛望鏡
		數字圖形變變變、隱形硬幣、消失的保特瓶
		水杯的相反字、水滴透鏡、透鏡成像實驗組
	熱與溫度	製溫度計、熱量大考驗、走馬燈、石板烤肉
	物質的基本結構	點幣成金
國中八年級 自然第四冊	原子與化學反應	點幣成金
	氧化與還原	煉銅、無字天書、抗氧化大作戰
	電解質與酸鹼鹽	酸鹼大考驗、氫氣槍、凸糖
	有機化合物	傳統竹筒（電土）炮、改良版電土炮 手工肥皂-CP皂、手工肥皂-MP皂
	浮力與壓力	誰是金鐘罩、報紙大力士、吸管大力士、試管火箭
國中九年級 自然第五冊	力與運動	跑跑卡丁車、氣球火箭車、空氣炮滅燭 甩水杯、打玩偶、抽紙鈔、抽紙牌
	功與能	紙橋承重、釘孤支
	電壓與電流	電壓實驗、電流實驗、電阻實驗
國中九年級 自然第六冊	電與生活	人體電池、果凍電池

貳、國中八年級的趣味實驗課程

 全能估量王

（一）適用對象：國中八年級學生

（二）配合單元：緒論與密度

（三）課前引導：

　　國二學生進入理化課程的第一個章節便是緒論。緒論的內容不外乎實驗器材的介紹、單位的意義與估計值、長度、體積與質量的測量等，其中質量的測量必須使用到天平，故天平的操作方法便是教師教學的重點。然而課本所描述的天平教學顯得「制式化」，除了課本圖片配合步驟的描述外，並無設計操作實驗，對於本來就會的學生並無吸引力，對於不會的學生也沒有操作的機會，故本文設計一項趣味天平實驗，讓學生從實驗中熟練天平的操作外，也訓練學生邏輯思考及解決問題的能力，等實驗完成後，學生不需要死背操作步驟便將天平使用的概念學會，學生就如同偵探般找尋所有可能的答案，也在培養學生建立「答案不只一個」、「學習沒有標準答案」的科學態度。

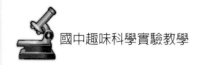

（四）教學步驟：

一、**原理**：利用二個固定質量的砝碼，秤得指定質量的黏土。

二、**材料**：一塊黏土、一組上皿天平、20克砝碼1個、50克砝碼1個。

圖1　黏土、上皿天平、20克、50克砝碼各1個

三、**製作方法**：

1. 每組分配一塊黏土，並請學生利用上皿天平及二個砝碼（20克、50克各一個），量出15克黏土。

2. 黏土可自行切割、分塊、組合，但不得使用二個砝碼以外的物品作為秤量工具。

3. 學生必須將秤量方法及步驟逐一寫下來，以作為評分的依據。

4. 方法不只一個，學生必須寫出二種（含）以上的秤量方法。

5. 將秤好質量的黏土拿至教師處，以電子天平再量測一次，

記錄二次的質量及差值。

6. 評分標準：(1)有幾種方法、(2)方法是否簡單創新（步驟少）、(3)方法是否能確實量測到指定質量、(4)質量的精準度（與電子天平所量的質量的差值）。

7. 同步驟1～6，可將砝碼改為20克、10克砝碼各1個，量出5克黏土，讓學生練習類似的題目操作，以增進學生的天平操作能力。

圖2　以砝碼相減法出取30克黏土

圖3　使30克黏土均分使其平衡

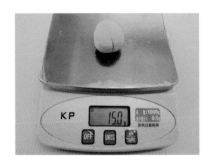

圖4　以電子天平檢驗一塊黏土重量

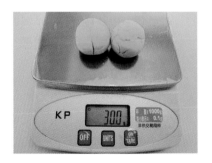

圖5　以電子天平檢驗黏土總重量

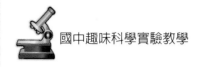

（五）教師延伸思考：

這個實驗有別於熟練天平操作的實驗，需要花點腦筋去思考如何秤出指定的質量，打破「砝碼」與「物體」必須分開放置不同盤內的概念，或許學生都能從實驗中學習到天平的方法，但大部分學生在活動開始時並無法掌握如何得到測量指定質量黏土的要訣，前十分鐘皆屬於活動空轉的狀態，教師仍要有耐心地等待一段時間，等學生充份思考後再給予提示，當學生獲得提示後，有部分的組別便知道要如何設計方法進行測量，而其他組別便會紛紛仿效，此時學生很快地完成第一次指定質量黏土的測量，然而要學生再想出第二種以上的方法時，學生又再度陷入瓶頸之中，或許是思考方向被第一次的測量方法所侷限，致使第二次的方法與第一次雷同或者設計上出現從已知結果回推的瑕疵，由此說明學生的創造力仍有待加強。此外，該實驗操作僅需二位學生即可完成，若以一組4～5同學來說，就有2～3位同學會無所是事，平白浪費他們的時間，建議一組給予二組天平進行操作，並給予二組不同的題型，讓每位同學都能操作，若時間充裕還可以交換題目進行挑戰，目的是為了讓每位學生都能夠有效學習，這樣學生才會有求取勝利的動力。

密度大考驗

（一）適用對象：國中八年級學生

（二）配合單元：物質的密度

（三）課前引導：

在學習國中理化的過程中，學生首先遇到的概念就是「密度」。由於學生剛從七年級升上八年級，剛接觸學科難度僅次於數學的理化科，難免心生恐懼，故教師在教導學生第一個單元時，必須先建立學生的自信心。如何將「密度」講述清楚又能讓學生對學習有信心，考驗著教師的教學能力，各版本的教科書中對於密度的內容描述非常淺少，課本僅提及：**單位體積內，所含物質的質量稱為密度**，再配合一題計算例題及一個「水的密度」實驗，就匆匆帶過該單元教學。通常教師都會針對密度的部分進行延伸教學，至於教學的深度則端看教師個人想法而定，熟練「密度」計算題是大部分老師的教學重點，想要熟練計算題不一定要紙筆演練，透過實物的密度測量更能加深學生的印象，「銅與鐵誰的密度大（比較重）？」、「酒精的密度是多少？」、「乒乓球的體積怎麼量？」這些問題等到實驗完成後學生就會獲得解答，自然也學會了密度的計算，相信以「生活應用」的方式進行學習會比強記來得有效。

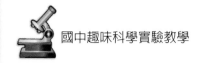

（四）教學步驟：

1. 教師先準備十二種待測物（包括液態及固態），例如：各類金屬塊（銅塊、鐵塊、鋁塊）、壓克力塊、木塊、鹽水、酒精、沙拉油、熱融膠、空心立方體、乒乓球、夾子等，並予以編號。

2. 每樣編號物品皆有一個提示牌，提示中包括：密度公式、測量的注意事項等，使學生可依提示進行解題。

3. 教師準備好工作後，請各組派一人上臺取走待測物，並翻開提示牌（只能看一次），看完後蓋回原處，並回各組進行密度測量，測量結果填於學習單上。

4. 每樣待測物測量時間限時最多5分鐘，時間一到就必須把待測物放回講臺，再重新換另一物測量，時限內測完者，可提早更換待測物，直到實驗結束，教師收回所有的學習單，答對最多的組別為優勝者。

5. 教師可提醒學生：金屬塊可使用排水法測量體積，浮體塊可使用重物壓住浮體來計算體積。至於乒乓球、空心立方體、未知液體等，教師不必提示，可讓學生自行思考解決問題的方法。

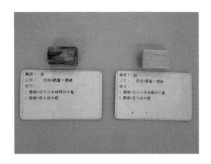

圖1　第一類：金屬待測物體

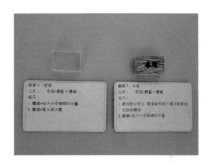

圖2　第二類：浮體待測物體

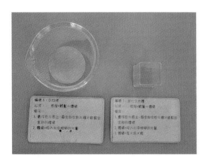

圖3　第三類：空心待測物體

圖4　第四類：未知液體待測物

圖5　十二種待測物體（部分）

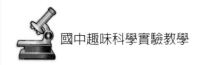

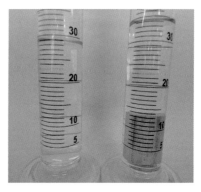

圖6　體積求法－排水法

圖7　乒乓球體積求法

註：先將乒乓球泡在充滿水的廣口瓶內，以玻璃片蓋住，之後拿掉
　　乒乓球，在廣口瓶液面劃下記號，廣口瓶前後二者的體積差等
　　於乒乓球體積。

（五）教師延伸思考：

　　「密度大考驗」的實驗遊戲，目的在於訓練學生對密度計算
的熟悉度及排水法測體積的運用。乍看之下，感覺實驗的難度並不
高，學生應該能勝任，在實際的操作下才發現，一節課的完成率

不到一半，許多組別只完成8樣物體密度的測量，已測量的正確率（只要不是與真實密度差太多就算通過）更不到七成，大多數的同學不是計算錯誤（質量與體積倒反除）、就是忘了扣除（量筒重、其他金屬的體積），木塊、乒乓球、空心立方體等浮體的答錯率最高，即使學生知道要用重物壓住浮體來計算體積，但仍有許多學生抓不到訣竅，不知如何變通，特別是乒乓球體積更讓學生一籌莫展，至於液體的密度測量對學生來說也是高難度的問題，因為液體沒有「體積」？（註：因為學生習慣看到「固體」的物體，可以用排水法或者量長、寬、高來算體積，但是看到一杯液體擺在桌上，就不知道「體積」從何著手），質量也忘了要扣除杯子或量筒重，更慘的是老師故意使用量測範圍小的電子天平，整杯液體擺上去就破表了！完全考驗學生對問題的應變能力。透過密度趣味實驗的教學，不僅可以讓老師知道學生學習的真實情況，也可培養學生解決問題的思考力，更可訓練學生動手操作的能力，我們都知道學生很會「做」計算題，密度的計算根本不算什麼，但遇到「真實考驗」時，表現卻不如預期，不能說學生沒有學會，而是學習的方向偏頗了，或者是某些小地方（非關實驗重點之處）卡關了，可以透過多次的實驗去修正學習以彌補不足之處，這也代表「操作力」是學生未來極需要加強的課題。

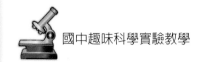

可樂噴泉、可樂冰沙

（一）適用對象：國中八年級學生

（二）配合單元：物質的溶解度

（三）課前引導：

　　在教科書中，「物質的溶解度」是放在「空氣與水」章節中的「溶質與溶劑」單元之下，在「溶質與溶劑」單元裡，首先介紹何謂溶質、溶劑、溶液，接著介紹重量百分濃度的計算、飽和與未飽和溶液的定義，最後介紹溶解度的意義與不同溶質在不同溫度、壓力下的溶解度，此章節在老師的教學呈現下，多會著重在「計算」的部分，包括：濃度、溶解度的算法，既便是學測題目在此章節的題型也多繞著溶解度打轉，我們的學生看到此單元的想法就是：「又是計算題！」既無奈又沒興趣，即使真的會寫題目，但「溶解度」對他來說就是數學演練，學生從不會覺得它跟生活有關，但是從市面上的果汁、汽水到泡一杯香醇的咖啡、養一缸漂亮的孔雀魚，每一件都跟溶解度息息相關，只不過學生忽略它的存在，本文透過「可樂噴泉」、「可樂冰沙」的實驗，讓學生體驗「溶解度」也可以玩得趣味又刺激，重點是還有飲料可以喝、還可以拿來做可樂思樂冰，滿足了學生的求知欲，也滿足了學生口腹之欲。學生可

以從實驗中了解汽水中不只一種的溶質，不同的溶質影響它的溶解度因素不同，尤其是過飽和的二氧化碳一但受到干擾就會從汽水中跑出來，此外，溶質溶於溶劑的同時，也會因溶解而產生溫度的變化（能量的進出），使得溶液的溫度下降，利用此原理便可製作冷劑，讓可樂在短時間內結冰，相信在做完整個實驗後，學生就會更了解溶解度的概念。

（四）教學步驟：

▶ 可樂噴泉

一、目的與原理：探討曼陀珠或其他物質加入可樂中所產生的現象。可樂是二氧化碳溶於水所製成的，而二氧化碳溶於水時，會產生碳酸。工廠通常是利用高壓來將二氧化碳灌入飲料當中，因此在正常一大氣壓下，可樂內部是處於高於一大氣壓下的狀態，當可樂開瓶後，裡面高於一大氣壓的二氧化碳就會形成過飽和溶液，是個非常不穩定的狀態，若這時丟入干擾源曼陀珠後，便會破壞平衡造成干擾，使得二氧化碳帶著可樂快速釋出。

二、實驗材料：可樂（至少是1公升裝，如果使用600mL亦可，但噴泉的高度會較低）、曼陀珠、仙渣、備長炭等物質。

三、實驗步驟：

1. 先將可樂冷藏過後（冷藏的目的是為了增加二氧化碳的溶解度與穩定度，不會一開瓶氣體就跑光），再從冰箱取出。

2. 取3顆曼陀珠放入大量筒（50mL以上），並蓋上小紙片（或珍珠板、玻璃片）。

3. 將可樂放在大托盤上（避免可樂弄髒環境，還可回收再用），輕輕旋開瓶蓋，不擾動可樂，並將紙片及裝有曼陀珠的量筒倒置在可樂瓶口上。

4. 重複步驟2～3，並將曼陀珠的數目增加至6顆、9顆，3瓶可樂完成準備工作後，同時抽開紙片，讓曼陀珠掉入可樂內，觀察可樂噴泉的高度及剩下可樂的量，順便觀察噴出來的可樂是否還有含二氧化碳氣體呢？

圖1 將曼陀珠裝入量筒中倒放

圖2 可樂要爆發了

5. 重複步驟2～4，改以仙渣、備長炭等作實驗（若改用其他物質做比較，每種物質的質量必須相同），觀察可樂噴泉的高度及剩下可樂的量是否有所改變呢，前述實驗的變因為何？

圖3　等重的各種物質待用（左起：曼陀珠、仙渣餅、彩虹糖、備長炭）

圖4　將裝有彩虹糖的量筒及玻片倒置在可樂瓶口上

圖5　比較彩虹糖（左）、曼陀珠（右）噴發差異

圖6　彩虹糖（左）、曼陀珠（右）剩下可樂的量

圖7　曼陀珠（右）噴發速度快且量大

圖8　彩虹糖（左）噴發緩慢且持續

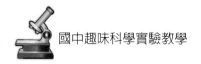

圖9 比較備長炭（左）、仙渣餅
（右）噴發差異

圖10 備長炭（左）、仙渣餅（右）
剩下可樂的量

▶ 可樂冰沙

一、目的與原理：在短時間內，利用冷劑將可樂冷凍成冰沙。

二、實驗材料：可樂（前項實驗的剩餘可樂）、冰塊、鹽巴、冷
凍袋、保鮮盒。

三、實驗步驟：

1. 做完前面的可樂噴泉實驗，老師對於可樂的浪費及剩餘可
樂的處理總是頗有微詞，我們可以用剩餘的材料再進行另
一個實驗。

2. 在進行「可樂噴泉」實驗時，先在底下墊一個乾淨的淺
盤，以便收集實驗噴出的可樂液體。

3. 待前項實驗完成後，將剩餘的液體收集起來倒入拉鍊袋
（或冷凍袋）中封緊待用。

4. 取一個保鮮盒，並裝滿碎冰塊，將鹽巴灑在碎冰塊上（冰
與鹽的最佳比例是3：1，如果無法精確也沒關係，實際約

可使冰塊下降8～12℃）。

5. 將裝有可樂的冷凍袋放入保鮮盒中，每個保鮮盒最多放不要超過二個冷凍袋，蓋上保鮮盒蓋後，搖晃2分鐘（時間因狀況而異），打開盒蓋觀察可樂是否變成冰沙。

6. 與學生討論：如何將溫度降得更低？熱量的交換與三態變化是否有關？

圖11　將可樂放入保鮮盒內

圖12　搖晃保鮮盒使其降溫

圖13　可樂搖晃前後的差異

圖14　可樂冰沙完成

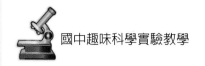

（五）教師延伸思考：

　　學生能從實驗中看到曼陀珠因溶於水中而趕出二氧化碳的現象，學生也能聯想到沙士加鹽巴會產生大量氣泡便是雷同的的現象，至於曼陀珠效果為何如此強烈，我們也用仙楂、備長炭等物質進行測試，讓學生了解不同物質所造成的差異性。透過實驗進行，讓學生都能理解曼陀珠因為溶於水才會排擠出二氧化碳，但學生卻不太清楚像備長炭等物質不溶於水，為何能趕出二氧化碳？學生只要仔細觀察便會發現，曼陀珠在短時間內溶解量根本很少（可樂的瓶底還有一堆曼陀珠），所以除了「溶解」因素之外，應該還有其他更重要的因素存在。這部分便涉及到「過飽和溶液」的概念，二氧化碳溶於汽水中是處於高壓的過飽和狀態，只要溫度升高或壓力降低或其他溶質加入或物質擾動都有可能造成溶質析出（二氧化碳跑掉），所以只要加入擾動物質便可以達到此效果，當然備長炭也是其中一例（因為它是多孔隙物質），只是效果好壞不同罷了，透過一個實驗讓學生了解許多不同的概念，也有助於增進學生對生活疑問的釐清能力與建立科學實驗步驟的邏輯性。

　　另外，在完成可樂噴泉之後，剩餘的可樂還可以進行「冷劑」的實驗，在以前的國中課本有提到以冰及鹽便可以作出冷劑，不過後來的課本便以圖片帶過（或者忽略不提）實在很可惜，以簡單的家庭廚房用品（鹽、冰、保鮮盒）便可完成此項實驗，實驗中學生會發出驚歎為何冰和鹽混合可以產生低溫？教師可藉此說明鹽巴因熔化吸熱致使冰的溫度降低等科學原理，此外，更重要的是用身教告訴學生對愛物惜物的道理，學習科學的同時也應該要顧及環保。

空氣炮滅燭、音樂高腳杯

（一）適用對象：國中八年級學生

（二）配合單元：波動與聲音

（三）課前引導：

　　「波動與聲音」的章節重點是介紹波的性質，包括：波的種類、波的名詞定義（波長、週期、頻率、振幅等）、波的傳播現象等，此章節的教學重點，多會著重在「計算」的部分，包括：週期、頻率、波速的算法，但許多學生學完後，卻對「波動」的意涵並不清楚，譬如：課本上寫「傳遞波動的物質就稱為介質，例如傳遞水波的介質就是水…」，課本只闡述了介質的意義，卻未說明波到底傳遞了什麼？很多學生甚至誤認為水波就是傳遞水分子，對波只傳遞「能量」不傳遞「介質」的概念懵懂不清，一來是課本沒有特別強調之外（或許是要靠老師多加闡述），二來是不易觀察到波攜帶能量的現象（部分課本只安排音叉震起水花的實驗），故本文安排了空氣砲的實驗，就是要學生從有趣的競賽活動中，觀察空氣受力攜帶能量傳遞的過程。此外，學生對波的共振概念也僅限於課本所教的「頻率相同者會產生共振……」，課本安排另一個音叉共振的實驗，說明頻率相同的音叉產生共振，會使得聲音變大聲（響度

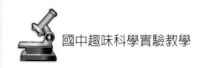

變大），便結束共振的主題。共振在生活中很常見，能發揮的地方很多，樂器中許多都利用到共振的原理來增強樂器響度，本節另外安排玻璃杯磨擦共振的實驗，讓學生從活動中體驗科學與音樂的關聯性。

（四）教學步驟：

▶ 空氣炮滅燭

一、**原理**：利用擠壓保特瓶中的空氣所產生的壓力差吹熄燭火。

二、**實驗材料**：保特瓶1個、氣球1個、膠帶1捆、美工刀、圓形蠟燭等。

三、**實驗步驟**：

1. 將保特瓶切割開來，留下有瓶口的那一半。

2. 用剪刀將10～12號氣球剪掉上半部，留下下半截。

3. 再將氣球下半部套在保特瓶的底部，並用電氣膠帶將氣球與瓶身的接縫處捆數圈黏牢，使氣球在使用時不會漏氣。

4. 拉放氣球膜，測試保特瓶口是否會擠壓出空氣。

5. 每位學生製作的一個保特瓶空氣炮，進行比賽（如圖1）。

6. 將10個圓形蠟燭排成三角形（如圖2、3），學生在距離蠟燭1公尺處，拉動空氣砲進行射擊，將蠟燭的火燄吹熄，吹熄幾個得幾分，每人射擊三次，三次取最高分者，最終分數越高者為優勝。

圖1 自製空氣砲

圖2 學生進行競賽

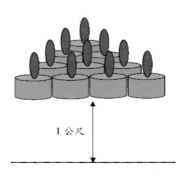

1 公尺

圖3 比賽裝置圖

7. 此外，教師可以導引學生試著改變氣球膜的緊度、保特瓶內的空間、瓶口的大小、保特瓶的形狀（方形或圓形）等因素，觀察滅燭效果是否會變好，與學生討論發生的原因為何（如圖4）。

8. 如果要讓學生觀察被擠壓的空氣波形狀，可用發煙器在瓶中灌滿煙霧（無發煙器者可以用線香），發射後就可以看見圈狀或球狀的煙團。

9. 如果想要看見更明顯的情況，可以自製更大型的空氣砲。
   取一個方形紙箱，將所有的接（細）縫以紙膠帶封住，並
   在箱頂割一個半徑為8cm的大圓，將用發煙器在紙箱中灌
   滿煙霧，並以雙掌同時拍打紙箱的兩側，使紙箱內的煙霧
   空氣因受擠壓而產生煙團，煙團因動傳播而滅掉燭火（如
   圖5）。

10. 教師可以導引學生思考將紙箱割出方形或其他形狀的排煙
    口效果是否會改變？紙箱的厚薄會影響波動的效果嗎？

圖4　利用氣球膜振動產生波　　　圖5　箱型空氣砲

【想一想】：

隔一個保特瓶擊發，蠟燭會熄
嗎？

請問會熄滅幾個？

哪些位置的蠟燭比較容易熄
滅？

▶ 音樂高腳杯

一、**原理**：利用摩擦玻璃杯緣產生振動，使得杯子的液體產生振動，並在玻璃杯內發生共振，使得聲音變大聲。

二、**實驗材料**：高腳玻璃杯數個（杯子空間要大一點）。

三、**實驗步驟**：

1. 取不同大小的玻璃高腳杯數個，以手指頭沾水後，另一手扶住高腳杯底（不可握住杯子腹部，以免阻礙振動發聲），另一手指頭緩慢摩擦高腳杯杯口邊緣（如果沒有聲音可再多沾點水或減緩力道），仔細聽一聽是否發出聲音，不同大小的玻璃高腳杯發出的音調是否相同呢？（如圖7）請記錄它們之間的差異。

2. 取同一種玻璃高腳杯，加入不等量的水（如圖6），以手指頭沾水後摩擦杯口邊緣，仔細聽一聽不同水量的玻璃高腳杯發出的音調是否相同呢？請記錄它們之間的差異。

3. 取同一種玻璃高腳杯，加入等量不同的液體（例：油、酒精、鹽水），以手指頭沾水後摩擦杯口邊緣，仔細聽一聽裝不同液體的玻璃高腳杯發出的音調是否相同呢？請記錄它們之間的差異。

4. 與同學討論上述實驗結果的差異原因為何？還有哪些變因，會改變高腳杯發出的音調。

圖6　不同水量的高腳杯實驗

圖7　不同大小的高腳杯實驗

圖8　沾水摩擦高長的高腳杯

圖9　沾水摩擦矮胖的高腳杯

（五）教師延伸思考：

　　透過一個實驗讓學生了解許多不同的概念，也有助於增進學生對生活疑問的釐清能力與建立科學實驗步驟的邏輯性，以「空氣砲滅燭」為例，在製作的過程中，學生並沒有想到光靠保特瓶及氣球便可以產生空氣擠壓的功能，當學生完成後進行比賽，學生發現可以滅掉燭火時，學生有趣的想法便從中跑出來了，「用保鮮膜可以嗎？」、「拿大的保特瓶效果會比較好嗎？」、「使用方形的

保特瓶可以嗎？」、「在蓋子鑽多個洞，再鎖上蓋子，會變散彈
砲？」、「在蠟燭前面擋個保特瓶也可以滅燭？」諸如此類天馬
行空的想法，老師可以鼓勵學生多嘗試，或許結果會超出師生的想
像，亦可從實驗中找到許多可操縱的變因。此外，因為空氣看不
見，學生不易觀察，可在瓶內灌入煙霧以便觀察流體力學的作用情
況，這樣會比較有利於教師解釋現象背後的原理。

　　「音樂高腳杯」則是一個相當有趣且常出現在各科普書籍中的
實驗，操作過程簡單，學生們都玩得不亦樂乎，網路上有許多影片
還拿裝不同水量的高腳杯當成樂器彈奏，果真能玩出美妙的音樂。
老師在教導學生體驗此實驗的同時，可以更深入地與學生探討其中
的變因，譬如：「裝多一點水音調會變高或變低？」（水量越多，
音調越低）、「杯子大一點音調會變高或變低？」（杯子空間越
大，音調越低，但響度較大）、「裝不同的液體音調有何變化？」
（液體密度越大，音調越低）等等，手指摩擦高腳杯發音的原理，
是杯面的橫向振動產生駐波，進而與杯內空氣共振產生聲音放大的
效果。若高腳杯內裝有液體，液體會造成振動的負擔，使振動頻率
降低，故液體高度愈高或液體密度愈大，杯子所發出的頻率愈低。
教師可試著跟學生解釋杯子發聲的原理，讓學生在快樂學習之餘，
對生活中的科學現象也能有進一步的認識。

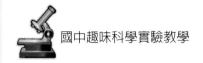

竹蟬、養樂多魔笛、吸管笛

（一）適用對象：國中八年級學生

（二）配合單元：波動與聲音

（三）課前引導：

　　「波動與聲音」這個章節對國中學生來說並不是個困難的章節，除了第一單元「波的種類與形式」有涉及到波的性質與波速的計算外，之後的單元便著重生活中聲波的應用等。雖然我們每天都聽得到聲音，但「聲音」看不到又摸不到的抽象性，往往很難對學生描述清楚，加上課本的實驗較為制式化，很難引起學生的興趣。以「傳播聲音」的二大要素－介質、快速振動為例，課本的實驗安排了打鼓、敲音叉、趴在桌上聽鬧鐘（大部分老師都省略不做），至於「波以耳」實驗所需的器材也不是每個學校都有（就算有也只是老師代為操作），學生根本不會有體驗的機會，當然難以引起學生的共鳴。還記得我們小時候有許多有趣又會發出聲音的童玩，例如：竹蟬、竹鈴鼓、利用葉子吹出聲音等，它是如何發出聲音？它的振動源為何？本節以童玩的角度，切入聲音的章節，讓學生親自動手製作能夠發出「聲音」的玩具（本身非發聲體），並體驗童玩中的科學。

（四）教學步驟：

▶ 原味的夏天—竹蟬

一、原理：利用物體磨擦振動而發出聲音。

二、材料：保特瓶、竹筷、竹籤、棉線、松香、電氣膠帶等。

三、製作方法：

1. 取一個保特瓶並切下上半部（約近瓶口1/3處）含瓶蓋的地方。

2. 以鐵釘燒熱在瓶蓋上打一個足以讓棉線穿過的小洞，取一段棉線穿過小洞後，以一小段竹籤固定，使棉線卡在瓶蓋上。

圖1　切下保特瓶上半部　　　圖2　以燒熱的鐵釘在瓶蓋上打洞

圖3　棉線以小段竹籤固定

圖4　將瓶蓋鎖回瓶身

3. 取竹筷於末端纏繞電氣膠帶各二段，此二段相距約0.2～0.5cm左右，於此二段的凹槽處塗抹松香（需要加熱融化），可使旋轉更易發出聲音。

圖5　以膠帶捆竹筷形成凹槽

圖6　竹筷凹槽完成圖

圖7 松香可於樂器行購買

圖8 以鍋子加熱松香使其熔化

4. 將棉線的另一端綁在竹筷的凹槽處，不可綁太緊（要有旋轉空間），以利轉動。

圖9 以松香塗滿竹筷凹槽

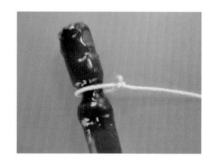

圖10 松香乾後綁上棉線

5. 以色筆與色紙，裝飾共鳴器（保特瓶瓶身）。

6. 手握竹筷的一端，使共鳴器轉動，便可發出與竹蟬相近的聲音。

圖11　竹蟬完成品

▶ 養樂多魔笛

一、**原理**：藉由魔笛的製作，了解能聽到「聲音」是因為「振動」和「介質傳遞」所造成，要兩者同時存在才會有聲音的產生。此外，還可以介紹聲音的三要素為：響度、音調、音色。

二、**材料**：養樂多罐、熱熔膠槍、熱熔膠、剪刀、粗吸管、可彎式吸管、氣球、橡皮筋。

三、**作法**：

1. 在養樂多瓶底部中央以熱鐵釘鑽洞，洞口大小以能剛好將粗吸管放入養樂多罐內為準，粗吸管要突出洞口外，其間的空隙以熱融膠封緊，不可漏氣。

2. 再以熱鐵釘在瓶身熔出一個吹氣孔，足以插入小吸管，將小吸管插入後，其間的空隙以熱融膠封緊，不可漏氣。

圖12　熱鐵釘在底部鑽洞

圖13　熱鐵釘在瓶身鑽洞

3. 用剪刀將10號氣球剪掉上半部，並將下半部套在養樂多瓶口上（也可以改用保鮮膜），在瓶口用橡皮筋綁住，膜要繃緊，看看粗吸管的另一端是否緊貼住氣球膜。

4. 從小吸管吹氣，若能發出聲音即可算製作成功。

圖14　在瓶口套上膜

圖15　用熱熔膠將粗吸管縫封牢

5. 若無法發出聲音，檢查是否有漏氣的地方，氣球膜有沒有綁緊。

6. 試著將突出罐底的粗吸管鑽數個小孔，如同直笛般，以手

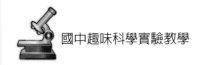

指按住小洞，並依序放開，聽聽看聲音的高低是否有所改變呢？

7. 將氣球膜改換成保鮮膜，觀察發聲的效果是否有變化呢？

8. 將突出罐子的粗吸管剪成不同長度，觀察音調是否有變化呢？

圖16　粗吸管的一端要緊貼住膜

圖17　魔笛初部完成圖

四、注意事項：

1. 製作時要注意到整組笛子必須達到密封不漏氣的狀態，測試的方法爲壓住管口吹氣測試有無空氣漏出。

2. 影響聲音高低的因素在於振動頻率，氣球的鬆緊會影響發出音調的高低。

圖18　保鮮膜魔笛成品

圖19　氣球魔笛成品

圖20　這是錯誤的吹法

圖21　這才是正確的吹法

▶ 吸管笛

一、原理：「聲音」是因為「振動」和「介質傳遞」所造成，要
　　兩者同時存在才會有聲音的產生。本實驗的目的是要同學了
　　解聲音的產生必然是某種物質快速振動所造成，就如同本實
　　驗的吸管笛，便是由吸管前端的兩片尖狀吸管薄膜，就像是
　　雙簧管的簧片一樣。吹氣時，吸管薄膜快速震動，與吸管內
　　的空氣柱產生共鳴，因此可以發出巨大聲音。

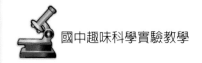

二、材料：

　　吸管一支、剪刀一把。

三、作法：

1. 先取一根吸管將其一端以原子筆壓扁，並將壓扁的一端斜剪成尖狀。

2. 用嘴唇輕輕含住尖端處（輕輕含住即可，千萬不可咬住），用力吹氣，讓兩片尖狀吸管薄膜能夠在嘴巴內快速振動，即可發出響亮的聲音。

 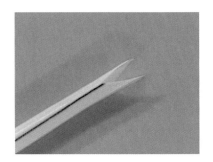

圖22　吸管一端斜剪成尖狀　　　圖23　吸管側面觀察如二片薄片

3. 試著在吸管上打幾個小洞，就如同直笛一樣，以手指按住小洞，並依序放開，聽聽看聲音的高低是否有所改變呢？

4. 用剪刀朝吸管笛的尾端，邊吹邊剪，聽聽看聲音的高低是否有所改變呢？

圖24　吸管笛成品

圖25　學生吹吸管笛

（五）教師延伸思考：

　　學生在實驗中體會到這些童玩中也隱藏了科學原理，學生對「竹蟬」的印象深刻，因為學生聽過夏天蟬叫的聲音，卻沒想到可以製造出類似蟬叫的聲音，許多學生都在坊間看過類似的「竹蟬」的玩具，大多以為那樣的聲音是因為竹子所發出來的，經過實驗之後，學生才了解「竹蟬」的發聲原因在於「棉線與松香的磨擦，促使棉繩振動傳聲」所造成，但此實驗最大的困難點在於松香的塗佈並不容易，可能旋轉幾次松香便磨損掉，降低發聲的效果。

　　「養樂多魔笛」則是一個相當有趣且富有創造性的實驗，利用生活中的回收物製作一個可以發出巨大聲響的發音器，顛覆學生的想法，這些東西單獨使用都不可能發出這麼大的聲音，結合在一起卻有出其不意的效果，教師在實驗的過程中解釋發生的原理是「氣球膜被振動，以致帶動粗吸管內空氣震動而發聲」所造成，學生便會聯想到直笛的吹奏，有學生便會提問：「粗吸管的長短會影響聲音大小嗎？」「粗吸管鑽孔會跟笛子一樣嗎？」老師便可順便提到

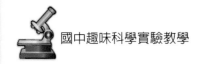

下個單元「聲音三要素」的概念，也先為下一次的教學提供先備知識。此實驗學生常會出錯的地方包括：(1)吸管端與氣球膜接觸不夠緊，(2)瓶身與吸管接縫處會漏氣等，會造成無法發聲，需要老師從旁協助檢查。

　　在進行「吸管笛」實驗時，先發給每位學生一根吸管，試著讓大家想辦法吹出聲音（結果當然是發不出聲音），等大家一籌莫展時，再告訴學生吸管的剪法，等學生剪完後試吹仍吹不出聲音，再由老師示範正確吹法，學生驚訝之際再告訴學生吹奏最重要的技巧──「薄膜振動」，也可藉此機會告訴學生許多樂器都是靠簧片振動發聲的，讓學生動手做一次，也加深學生對樂器原理的印象。

鏡子多角度實驗、潛望鏡

（一）適用對象：國中八年級學生

（二）配合單元：光與顏色—平面鏡與光的反射

（三）課前引導：

　　「光與顏色」章節中有一個小單元是在介紹各種面鏡的反射原理及成像性質，對國中學生來說並不是個困難的章節，特別是平面鏡的使用及成像，學生在國小期間已經學過了，課本也以硬墊板（或透明光碟盒）做為類似鏡子的功能，描繪投影的硬幣成像實驗，透過該實驗學生雖然可學習平面鏡的成像性質（學生在國小已有概念），但學生的興趣不高，本文以擺放不同角度的二個平面鏡，讓學生觀察成像數目與成像性質，也可印證參考書中的題目：「有二面巨型鏡子，以夾角60°方式擺置，觀察者站立於二鏡子的角平分線上（中央），請問觀察者可自鏡中看到幾個自己的像？」答案究竟為何？學生可從實驗中得到「操作」解題的樂趣。此外，坊間題目中亦常提到潛望鏡的成像性質：「潛望鏡中兩相互平行、鏡面相向之平面鏡，與筒壁之夾角為45°，經兩次反射之後，則可看到何種成像？」學生常會誤答為「正立且左右相反」或「倒立且左右相同」，究竟結果為何，學生可以親手製作潛望鏡來獲得解

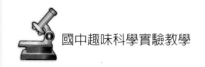

答。以上兩個考卷上常見的問題都可以透過實驗來印證教師上課所述的原理是否為真，更可以拉近考卷題目與學生間的距離。

（四）教學步驟：

▶ 鏡子多角度實驗

一、原理：利用平面鏡間多種角度的組合，以觀察成像個數及成像性質。

二、材料：平面鏡三片（約10cm×10cm）、量角器。

三、製作方法：

1. 取二片平面鏡，二者鏡面相向，放置於量角器上，以夾角30°方式擺置，在二個鏡子夾角的角平分線上（中央）放置某物體（如橡皮擦），請學生觀察從鏡中可看到幾個物體的「像」（如圖1）？

2. 同步驟1，將夾角改為45°、60°、90°、120°方式擺置，在二個鏡子夾角的角平分線上（中央）放置被觀察物體，請學生觀察從鏡中的成像數目，並記錄在學習單上（如圖2）。

3. 同步驟1，夾角改為30°、45°、60°、90°、120°方式擺置，將被觀察物體放在二個鏡子夾角的角平分線的右側（或左側，不在要中央），請學生觀察從鏡中的成像數目，並記錄在學習單上。

4. 將鏡子的擺放方式改為平行、正三角型（需要三面鏡子）、XYZ軸（三面鏡子互相垂直），將被觀察物體放

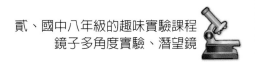

在鏡子的中央處，請學生觀察從鏡中的成像數目與成像性質，並記錄之。

光的反射學習單

組別：

組員：

◎請寫出你看到的像有幾個呢？

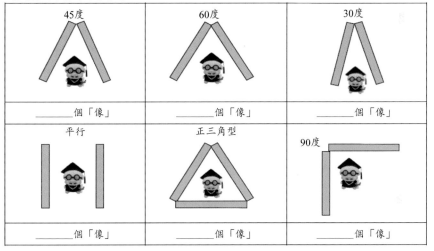

45度	60度	30度
_____個「像」	_____個「像」	_____個「像」
平行	正三角型	90度
_____個「像」	_____個「像」	_____個「像」

圖2　平面鏡觀察實驗學習單（局部）

圖1　30度角的平面鏡成像

圖3　XYZ軸的平面鏡成像

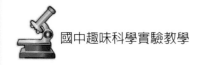

▶ 潛望鏡

一、原理：利用平面鏡的反射原理，製作一個潛望鏡。

二、材料：平面鏡二個（約10cm×10cm）、牛奶紙盒一個。

三、作法：

1. 取牛奶紙盒一個（大小約1000mL～750mL）清洗乾淨後，在牛奶紙盒的側邊的底部及頂部，以量角器畫出二條45°的平行線，若鏡子太大而無法畫出45°，則二條線平行即可，紙盒的兩側皆要畫線（請注意線不要畫顛倒）。

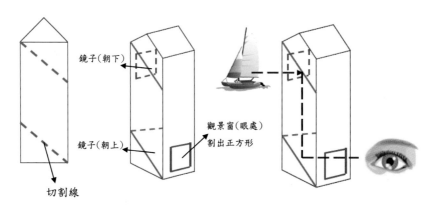

圖1 潛望鏡製作流程圖

2. 以美工刀沿著線將紙盒割開，再將平面鏡沿割開的縫塞入，並穿過紙盒的另一側，使平面鏡固定於紙盒的斜縫中，另一平面鏡以相同的做法完成，頂部的鏡面朝下，底部的鏡面朝上（如圖1）。

3. 在紙盒的另外二側面，二個鏡面朝向處，分別畫上一個 5cm×5cm的正方形，並將二個正方形割下來，即完成潛望鏡的製作（如圖2）。

4. 請學生以眼睛靠近底部的四方窗，透過二個平面鏡的反射，觀察潛望鏡的成像性質（放大／縮小、倒立／正立、實像／虛像），學生可蹲在教室窗下，以潛望鏡觀察窗外景象（如圖3）。

圖2　潛望鏡局部圖

圖3　潛望鏡完成圖

（五）教師延伸思考：

　　學生學習從實驗中印證教師上課所教的原理，也學會以實驗的方式解答考題，不論結果如何，這是一件值得鼓勵的事。我們的學生長期以來習慣以「既有的知識」來推斷一切的答案（不論是考題或生活問題），卻很少認真思考這樣的答案一定是對的嗎？事實上，這些「知識」需在一定的條件下才會成立，但我們學生卻常忽略「條件與過程」，只在意「結果」，以為這些「結果」放諸四海

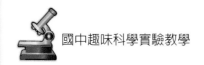

皆準，加上考題都是以這些「結果」為答案予以設計的，也強化學生對「結果」深信不疑。以「鏡子多角度實驗」為例，許多學生都寫過類似的題目，也都知道答案為何（參考書的解法為：像數＝（360°／夾角）－1），第一次將題目轉化為實驗行動，學生已習慣先預設正確答案，然而部分的實驗結果卻非如此，在研究文獻（邱博文，2010）有完整的推論，證明參考書的寫法有瑕疵（圖4）。這樣的實驗結果讓許多學生大感驚訝，甚至仍堅持書上的答案是對的，一定是實驗設備（步驟）有問題，學生寧願相信「既有的知識」而否認「眼見為真的結果」，這正是僵化的教學模式讓學生失去探究力的結果，也是老師們需要努力翻轉之處。

1.先算$n = \dfrac{360°}{\theta}$　夾角不能整除360度時，目前無公式可循，此公式僅適用於能被夾角整除者

2.再修正　①若n為奇數且物體不在分角線上，則成像數N＝n
　　　　　②若n為奇數且物體在分角線上，則成像數N＝n－1
　　　　　③若n為偶數，則成像數N＝n－1

圖4　平面鏡夾角計算方法（邱博文，2010）

「潛望鏡」實驗則是一個簡單又有趣的實驗，利用生活中的牛奶紙盒及平面鏡即製作一個好玩的窺探玩具。教師在實驗前先詢問學生平面鏡的成像性質，大部分的學生都能夠正確回答出來，教師闡述潛望鏡是二個平面鏡二次反射的結果，再問學生潛望鏡二次反射的成像性質時，學生的答案出現不同的結果：有「正立、左右相反」、「正立、左右相同」、「倒立、左右相同」等各種答案，

顯示出學生被「二面鏡成相對，結果應與一面鏡的成像相反」所困擾，學生「既有的概念」如果不夠清楚就會產生誤答，透過實驗可以幫助學生澄清問題的關鍵點，教師亦可於實驗後畫圖解釋潛望鏡二次反射的成像過程，將使趣味實驗能夠更有深度。

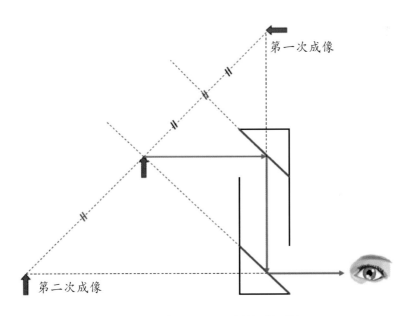

圖5　潛望鏡二次反射的成像圖

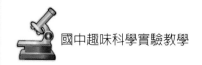

數字圖形變變變、隱形硬幣、消失的保特瓶、水杯的相反字、水滴透鏡

（一）適用對象：國中八年級學生

（二）配合單元：光的折射

（三）課前引導：

在「光的折射」章節中，折射定律的闡述：「**當光從傳播速度快的介質射向傳播速度慢的介質時，其折射線會偏向法線，使得折射角會小於入射角；當光從傳播速度慢的介質射向傳播速度快的介質時，其折射線會偏離法線，使得折射角會大於入射角**」，對學生來說太過抽象，需透過圖解（光線折射圖）或實際觀察，讓學生學會折射的原理，課本中最常使用的實驗例子就是「筷子折斷」及「觀察（雷射）光線射入水中」的實驗，偏偏兩者有著看似相反的結果（筷子向上折、光線向下折，實際上原理是相同的），常造成學生考試誤答，加上實驗簡單且所需時間短，學校老師通常忽略不做，故此單元學生並無可實際操作的體驗活動。此外，課本上介紹光的折射有其限制性，例如：當光由傳播速度慢的介質射向傳播速度快的介質時，當超過臨介角時，就不會產生折射，而會發生「全反射」，課本也未曾提及，更別說全反射與其他折射的生活實例。

這便是課本常讓學生看不懂或者學生學習脫節的問題所在，其實只要加入一些趣味的主題實驗，讓學生透過趣味實驗與生活經驗作連結，便會對折射定律有所了解，即可達成學習連結的目的。

（四）教學步驟：

▶ 數字、圖形變變變

一、材料：拉鏈袋3～4號、厚紙片、簽字筆。

二、實驗步驟：

1. 先裁切與拉鏈袋大小相當的厚紙片，並在厚紙上用簽字筆寫上電子錶數字「88」，並將厚紙片放入拉鏈袋內。

2. 以簽字筆在拉鏈外袋，描著數字「88」，寫上不同的數字，如：「22」、「35」等。

3. 以500mL燒杯裝八分滿的水，將裝有紙片的拉鏈袋放入水中，若從燒杯的側面觀察，你會看到哪個數字？若從燒杯的上方觀察，你會看到哪個數字？原因為何？

圖1　側面觀察的數字

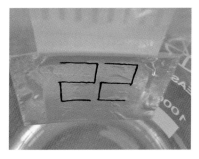
圖2　上方觀察的數字

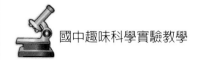
4. 亦可將厚紙片上的數字改為圖形，用簽字筆在厚紙上畫上某圖形，並將厚紙片放入拉鏈袋內。

5. 以簽字筆在拉鏈外袋，描著原有的圖形，再加畫上不同的圖樣（如圖3～6）。

6. 以500mL燒杯裝八分滿的水，將裝有紙片的拉鏈袋放入水中，若從燒杯的側面觀察，你會看到哪個圖形？若從燒杯的上方觀察，你會看到哪個圖形？原因為何？

圖3　側面觀察的圖形

圖4　上方觀察的圖形

圖5　上方觀察的圖形

圖6　側面觀察的圖形

▶ 隱形硬幣

一、材料：1000mL的大燒杯、10元硬幣一個。

二、實驗步驟：

1. 取1000mL的大燒杯一個，並加水至八分滿，在燒杯底下放
   10元硬幣一個，若從燒杯的側面觀察，你是否看到10元硬
   幣？若從燒杯的上方觀察，你是否看到10元硬幣？原因為
   何？

2. 同上步驟，若將燒杯底部弄溼，再將10元硬幣放在燒杯底
   部，若從燒杯的側面觀察，你是否看到10元硬幣？若從燒
   杯的上方觀察，你是否看到10元硬幣？原因為何？

圖7　從側面觀察10元硬幣

圖8　從上方觀察10元硬幣

▶ 消失的保特瓶

一、材料：1000mL的大燒杯、保特瓶（1000mL）二個（瓶身無
　　花紋者，效果較佳）。

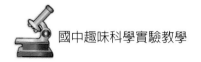

二、實驗步驟：

1. 保特瓶（1000mL）二個，其中一個以美工刀割掉瓶子頭部及底部，僅留下中間空心圓柱體部分；另一個保特瓶則去掉瓶子頭部，留有底部。

2. 取1000mL的大燒杯一個，並加水至八分滿（可加一些食鹽），將有底部的保特瓶，以底部朝下的方式放入水中，若從燒杯的側面觀察，你是否能看到保特瓶（如圖11）？

3. 同上步驟，將無底部的保特瓶（空心圓柱體）放入水中，若從燒杯的側面觀察，你是否能看到保特瓶（如圖12）？

圖9　無紋路保特瓶圓筒放入前

圖10　無紋路保特瓶圓筒放入後

圖11　有底保特瓶折射

圖12　無底保特瓶折射

▶ 水杯的相反字（折射）

一、材料：1000mL的大燒杯、厚紙片一張、簽字筆一支。

二、實驗步驟：

1. 取一張厚紙片，上面以簽字筆畫上一個向左的箭頭，再取
   1000mL的大燒杯一個，將紙片放在燒杯後方適當的距離
   （自行調整）。

2. 並將燒杯加水至八分滿，若從燒杯的側面觀察紙片上的圖
   案，箭頭方向是否改變？若從燒杯的上方觀察，箭頭方向
   是否改變（圖13、圖14）？

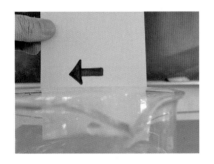

圖13　紙片折射前圖樣

圖14　紙片折射後圖樣

3. 同步驟2，若將厚紙片上的箭頭改成「自己的名字（或圖
   形）」，從燒杯的側面觀察，你會看到何種現象（圖15、
   圖16）？

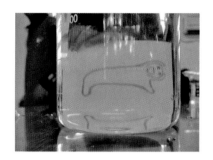

圖15　紙片折射前圖樣　　　　　　圖16　紙片折射後圖樣

4. 若將大燒杯改為廣口瓶，並將廣口瓶裝滿水後以瓶蓋栓緊，將寫上「字」的厚紙片放在廣口瓶後方適當的距離，從瓶子的側面觀察紙片上的字有何變化？若將廣口瓶倒下橫放，再從瓶子的側面觀察紙片上的字有何變化（圖17、圖18）？

圖17　廣口瓶正放的折射圖樣　　　圖18　廣口瓶橫放的折射圖樣

▶ 水滴透鏡（折射）

一、**材料**：華司（墊片3/4約9克）一個、透明膠帶、滴管一支。

二、**實驗步驟**：

1. 取一個華司在較平的那一面黏上透明膠帶，圓孔處務必黏緊。

2. 以滴管取水，在圓孔處滴水1～2滴，即完成水滴凹透鏡（因水的表面張力之故），請學生透過圓孔看課本上的字，你會看到字體呈現何種變化（如圖19、22）？

3. 再以滴管取水，在圓孔處滴水5～6滴，從側面可以看到突出的水珠狀（因水的表面張力之故，水不會溢出），即完成水滴凸透鏡，請學生透過圓孔看課本上的字，你會看到字體呈現何種變化（如圖20、21）？

圖19　以滴管取水滴入圓孔內

圖20　水滴呈凸起狀

圖21　水滴凸透鏡

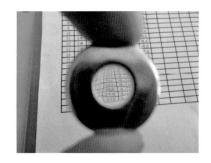

圖22　水滴凹透鏡

（五）教師延伸思考：

　　這些折射實驗可以當成魔術般地表演，遠比課本的實驗有趣，雖然學生可以玩得很高興，但在玩的過程中如果不注重原理的解說，恐怕會讓實驗流於玩樂而讓學生不知道這堂課的重點為何，故教師必須在每項實驗過程中以簡單明瞭的方式，讓學生知道現象背後的原因。以「數字、圖形變變變」為例，學生知道圖形通過不同介質會產生折射，卻不清楚為何會看到不同的圖形，教師可以利用折射示意圖（圖23）教導學生「光由光速度慢的介質射向傳播速度快的介質時，當超過臨介角時，就會發生「全反射」，故學生可在不同角度會看到二種圖象。

　　在「隱形硬幣」的實驗中，硬幣發出的光線經過三次折射（空氣→玻璃→水→空氣），從水面進入眼睛，故從杯子的側面並不會看見硬幣（圖24），但是硬幣與杯子間如果有水滲入的話，就會改變折射方向（水→玻璃→水→玻璃），使得光線從杯子的側面穿出（圖25），讓觀察者得以看見；同理，「消失的保特瓶」也是

利用光折射介質的不同所造成，當保特瓶內部進水或中空放入水中時，會讓保特瓶邊緣模糊化（因水與塑膠折射率相近），加上類似凸透鏡的放大作用，使得保特瓶視覺的邊緣接近玻璃杯，故有保特瓶消失的錯覺。

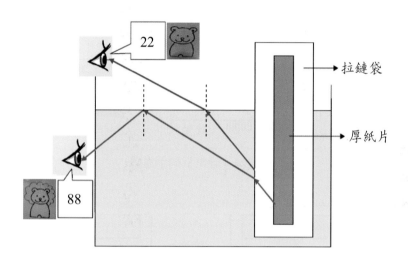

圖23　全反射及折射示意圖

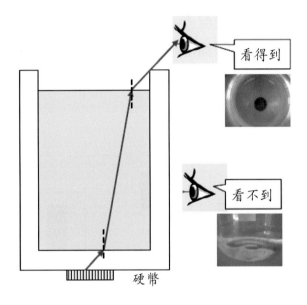

圖24　硬幣折射示意圖

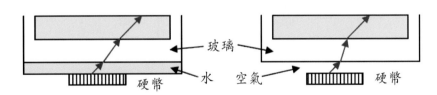

圖25　硬幣在不同介質下折射示意圖

　　在「水滴透鏡」的實驗中，學生可以透過水滴塑型不同曲度的凹、凸透鏡，並觀察不同曲度下的透鏡成像性質如何變化，學生還可拿著「水滴透鏡」在太陽下尋找焦點，遠比拿固定的凹、凸透鏡看東西有趣多了。在「水杯的相反字」的實驗中，學生可以觀察到箭頭會左右相反，老師會告訴學生：「裝水的大燒杯就像是個大的

凸透鏡，故會產生左右相反的情況」，老師可進一步解釋：「厚紙
片圖形放在1～2倍焦距內，會產生放大倒立的像，在2倍焦距外，
會產生縮小倒立的像…」，學生也都能認同此觀察到的現象。但
是將「箭頭」改成「文字」時，「現象」便有了「疑問」，學生會
問：「怎麼只有左右相反，沒有上下顛倒？凸透鏡成像不是上下顛
倒、左右相反嗎？」（大部分的科學書籍中也沒提及），原因在於
燒杯（圓柱體）只有X軸有曲率的變化，Y軸並沒有，教師可利用
加蓋的廣口瓶進行實驗，讓學生觀察正立及橫放的廣口瓶之成像差
異，引導學生思考其中的變因，這將有助於學生對折射有更完整的
立體概念。

透鏡成像實驗組

（一）適用對象：國中八年級學生

（二）配合單元：光的折射—透鏡成像

（三）課前引導：

　　學生在學習「透鏡折射」常會出現學習不聯貫的現象。在課本中，介紹完「光的折射原理」之後，緊接著介紹光在凹凸透鏡中的行進方式，課本描述如下：**若以數條直線光束照射凸透鏡，光線將向內會合、聚攏；照射凹透鏡，光線將向外擴張、散開。這就是凸透鏡與凹透鏡的主要特性，因此，也可稱凸透鏡為會聚透鏡，凹透鏡為發散透鏡。**

　　上述的文字敘述旨在說明光在凸透鏡中，會產生會聚的效果，光在凹透鏡中則會產生發散的作用，並沒有說明光線會聚及發散的原因，以及之前所學的「折射原理」跟此章節有何關連性，在此並沒有做出相關性的連結（請參考「光的折射」（楊明獻，2007a）一文），這便是學生聽不懂或者學習無法連貫的問題所在，只要加入一些實驗讓學生先了解折射與透鏡之間的關係，再進行透鏡成像實驗，即可達成學習連結的目的。本文先以「透鏡觀察」的實驗，讓學生從「凸透鏡」及「凹透鏡」的角度看世界，究

竟會看到怎樣的景像呢？從不同的距離看景物真的有差嗎？不同的透鏡，光線是如何折射的？當學生熟悉「凸透鏡」及「凹透鏡」的世界後，再進行深入的探討，以「改良版的透鏡成像」實驗探討不同物距下，像的成像性質、成像位置，讓學生不需要背誦也可以將透鏡成像問題弄清楚。

（四）教學步驟：

首先，將「光的透鏡成像」單元分為二階段進行，第一階段主要讓學生粗略了解透鏡的性質，以「透鏡觀察」的實驗，讓學生先具備基本概念，第二階段才進行「透鏡成像實驗」，讓學生更進一步深入探討透鏡在不同距離所呈現的成像結果，其流程設計如下：

1. 每組發凸透鏡、凹透鏡各一支、皮尺二卷及寫上「P」字的A4紙一張。

2. 先進行凸透鏡實驗，請學生將二組皮尺黏在實驗桌上（刻度0與刻度0疊在一起，各向桌子二端拉直，並以膠帶固定），將凸透鏡放在刻度0的中央位置上，將「P」字的A4紙黏在珍珠板上（珍珠板可黏在方形保特瓶上，便可站立），置於凸透鏡右側80cm處，以利成像觀察。

3. 請學生從透鏡的左側（至少100cm遠處），眼睛高度與透鏡等高，穿過透鏡以眼觀察「P」字，觀察字的大小、正立或倒立，並記錄在工作單上。

圖1　實驗裝置圖

凸透鏡觀察工作單

原本的「字」	看到的「字」	字與透鏡距離	成像性質（圈選）	
P	P	15 cm	放大　縮小	正立　倒立
P	d	45 cm	放大　縮小	正立　倒立
P	d	80 cm	放大　縮小	正立　倒立

圖2　上課投影片

4. 同步驟1～3，完成15cm、45cm距離實驗。

5. 同步驟1～4，完成凹透鏡15cm、45cm、80cm距離實驗。

6. 請學生互相討論並完成工作單上的內容，等各小組完成後，教師會從各組中抽一名學生，描述該組觀察到什麼現象。

7. 等學生都能了解凸透鏡與凹透鏡的成像基本概念之後，再進行下一階段的「透鏡成像」實驗。

圖3　凸透鏡成像圖（正立放大）

圖4　凸透鏡成像圖（倒立放大）

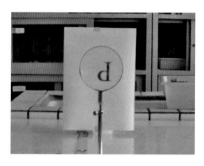

圖3　凸透鏡成像圖（倒立相等）　　圖4　凸透鏡成像圖（倒立縮小）

圖5　凹透鏡成像圖（正立縮小）　　圖6　凹透鏡成像圖（正立縮小）

表1　凸透鏡、凹透鏡觀察工作單

原本的「字」	看到的「字」	字與透鏡距離	成像性質（圈選）	
P		15 cm	放大	縮小
			正立	倒立
P		45 cm	放大	縮小
			正立	倒立
P		80 cm	放大	縮小
			正立	倒立

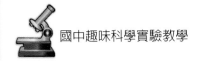

　　第二階段的透鏡成像實驗即為改編自課本的實驗單元，由於課本中的透鏡成像實驗使用蠟燭做為成像物，常會發生的問題包括：（一）蠟燭越燒越短，（二）成像不穩定，（三）物與像的大小關係難以比較（只能看到會飄動的燭影），（四）無法看出成像左右相反等，故本文加以改良，提出第二階段的透鏡成像的改良實驗，實驗流程設計如下：

1. 每組發凸透鏡、凹透鏡各1支、皮尺二卷、珍珠板、A4紙、LED紅藍綠三色光源組（可請電子材料行代工，將LED三色燈與可變電阻串聯後（焊在IC板上），再與3號電池組並聯）。

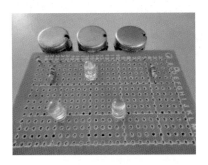 

圖7　LED三色光源組（正面）　　圖8　LED三色光源組（背面）

2. 先進行凸透鏡實驗，請學生將二組皮尺黏在實驗桌上（刻度0與刻度0疊在一起，各向桌子二端拉直，並以膠帶固定），將凸透鏡放在刻度0的位置上，將A4紙黏在珍珠板上作為紙屏置於凸透鏡右側，以利成像投影。

圖9　LED紅藍綠三色光源組

圖10　實驗裝置圖

3. 將LED紅藍綠三色光源組黏在面紙盒上作為光源，並置於凸透鏡左側，打開電源開關，可利用可變電阻來調整三色光的強度，以進行實驗。

4. 先將LED紅藍綠三色光源組「固定」放在離透鏡70cm距離上，並「移動」在透鏡另一端的紙屏，「觀察紙屏」在何處可得到最清楚的「像」，並記錄「紙屏與透鏡距離」及「成像性質」。

5. 像的大小：可從原來三色LED燈粒間的距離及三色成像亮點間的距離比較來判定（例如：可比較「紅綠燈粒間的長度」與「紙屏上紅綠亮點間的長度」）。

6. 倒立與正立的判斷：三色LED燈粒投影在紙屏上是否上下顛倒、左右相反，或可以關掉一個燈，觀察紙屏上是否有所變化；實像與虛像的判斷：是否能「清楚」地投影在紙屏上（凹透鏡仍有少許光源會在紙屏上投影，故比較難判

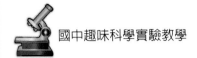
斷）。

7. 同步驟1～6，完成54cm、40cm、27cm、13cm距離實驗
（教師要事先測得凸透鏡的焦距，再行設計學習單上實驗
距離）。

8. 同步驟1～7，完成凹透鏡各距離實驗。

9. 順便可要求學生觀察三色光混合的顏色，可利用可變電阻
調整三色光源的亮度大小，並記錄各色光混合後的顏色
（配合下一單元「光與顏色」）。

10. 請學生互相討論並完成工作單上的內容，等各小組完成
後，教師會從各組中抽一名學生，描述該組觀察到什麼現
象。

圖11　成像的性質判斷

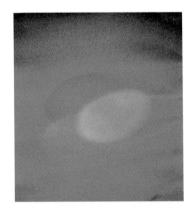

圖12　三色光混合

表2　凸、凹透鏡成像工作單

透鏡：凸／凹透鏡　焦距：＿＿＿＿ cm					
物　距		像　距	成像性質（圈選）		
2F外	70 cm	＿＿＿ cm	放大	倒立	實像
			縮小	正立	虛像
2F	54 cm	＿＿＿ cm	放大	倒立	實像
			相等		
			縮小	正立	虛像
2F～F間	40 cm	＿＿＿ cm	放大	倒立	實像
			縮小	正立	虛像
F上	27 cm	＿＿＿ cm	放大	倒立	實像
			縮小	正立	虛像
F內	13 cm	＿＿＿ cm	放大	倒立	實像
			縮小	正立	虛像

（五）教師延伸思考：

　　在第一階段的「透鏡觀察」的教學之中，常出現的狀況有：(1)無法觀察到凸透鏡的成像，(2)學生觀察到的結果與事實不符（譬如：應觀察到縮小的像，結果只看到相等的像）。解決方法：教師須因應不同焦距的透鏡修改工作單上「字與透鏡距離」大小，讓學生易於觀察到結果；並調整學生的觀察方式，讓學生距離透鏡至少150cm以上，且眼睛與透鏡等高，才不會讓觀察結果失真（特別是凸透鏡）。

　　從第二階段「透鏡成像」的教學中，學生對原本的「透鏡成

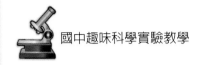

像」單元有以下的學習困難：(1)不知道作此實驗的目的爲何，(2)看不懂該單元的文字敘述及實驗步驟，(3)透鏡成像的觀察不易，可能觀察到錯誤的現象。

解決方法：(1)將課本單元的實驗步驟及待答問題表格化，設計成簡單的工作單，學生只要依工作單進行學習，即可學會課本該單元所有闡述的現象及概念，(2)將實驗裝置進行改良，以LED三色燈取代蠟燭，以減少觀察上的誤差，(3)將物距標準化，事先在學生的工作單上標示適當且可被觀察到的物距，學生依設定的數據進行實驗觀察。透過二個透鏡實驗的串連，學生應可學會大部分透鏡成像的知識，對於實驗操作的目的與過程也有一定的掌握，但是學生雖然觀察到透鏡的成像，但對於光線經過透鏡折射的路徑並不太了解，如果教師能夠以電腦軟體補充光折射線路徑的教學，相信更能完整建構光折射的概念（楊明獻，2007a）。

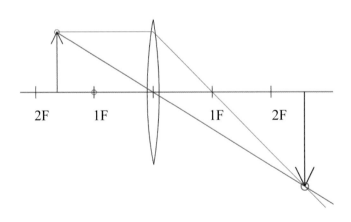

圖13　電腦軟體進行光折射線路徑圖

自製溫度計

（一）適用對象：國中八年級學生

（二）配合單元：熱與溫度－溫度與溫度計

（三）課前引導：

　　學生在學習「溫度與熱」的章節時，首先遇到的第一個單元是「溫度」。學生從國小就知道「溫度」的意義，也知道溫度代表冷熱程度，它的常用單位是℃（國小沒學過℉），量測工具是溫度計。但是卻很少有學生知道溫度計是怎麼來的（製作），更不太清楚溫標間的轉換，國中老師通常會用熱脹冷縮的概念來說明溫度計製作的原理，並用公式℃ = 5/9 (℉－32) 來介紹二種溫標間的轉換，想要更深入介紹的老師，就會用比例的概念來教導學生任何不同溫標間的計算邏輯與方法，許多學生看到計算題，想學的心情當場就冷卻的一半，即使會算也不知道爲何要這麼算，本文透過實際溫度計的製作，帶領學生探索眞實的溫度計製作原理與遭遇到的難題，從親自刻畫溫標到了解爲何溫標的轉換要如此計算，讓學生了解公式背後的意涵，而不是死背公式而已，進而活用此概念學會設計新的溫標。

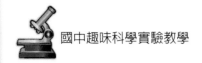
（四）教學步驟：

一、**實驗材料**：錐形瓶、紅墨水、橡皮塞、細玻璃管（外徑 6mm、內徑5mm）、恆溫水槽、珍珠板等。

二、**實驗步驟**：

1.將錐形瓶內裝滿紅墨水（不能有空氣），並塞上橡皮塞及細玻璃管，並讓細玻璃管內的紅墨水超過橡皮塞頂部至少3～5cm。

2.將珍珠板（可以不怕被水濡溼）先貼上雙面膠，再將細玻璃管貼在雙面膠上，使其牢固不會掉落，即完成初步的溫度計裝置。

圖1　珍珠板貼上雙面膠

圖2　將細玻璃管貼在雙面膠上

3. 先將恆溫水槽水溫調至30℃一段時間後，將此溫度計裝置放入恆溫水槽內約5～10分鐘，觀察細玻璃管內的水位高低變化，待水位不再變化時，劃上一刻度，並標上30℃。

圖3　初步的溫度計裝置

圖4　將溫度計放入30℃水浴槽

4. 再將恆溫水槽水溫調至60℃一段時間後，將此溫度計裝置放入恆溫水槽內約5～10分鐘，觀察細玻璃管內的水位高低變化，待水位不再變化時，劃上一刻度，並標上60℃。

5. 在此二個刻度間均分畫上刻度（可畫5℃、10℃為1大格，1℃的小格可畫可不畫），即完成自製溫度計。

圖5　將溫度計放入60℃水浴槽

圖6　畫上細刻度（30～60℃）

6. 若想要測試該溫度計是否準確，可將恆溫水槽水溫調至40℃，並將溫度計裝置放入恆溫水槽內，觀察最終溫度是

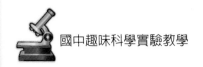

否停在40℃刻度上。

圖7　以自製溫度計測量40℃的水　　圖8　以自製溫度計測量55℃的水

（五）教師延伸思考：

　　此實驗能把課本中所提及「溫度計是量化物體冷熱程度之工具」的說法，清楚地展現出來，而非只是溫標之間的轉換公式而已，學生做完實驗後皆表示「以後知道溫度計怎麼做出來了！」「原來溫標的公式是這樣來的！」使學生對課本的知識與計算有更深一層的認識。

　　傳統的實驗過程中仍會遇到許多問題：(1)外部溫度不易控制、(2)水柱高度常因橡皮塞的鬆緊（壓力）而有所不同、(3)自製溫度計測量未知溫度時常出現不準確的狀況。教師的解決方法：(1)外部溫度可由恆溫水槽來控溫，以避免自製溫度計因外部溫度下降造成不準確。(2)水柱高度常因橡皮塞的鬆緊（壓力）而有所不同的問題，必須在一開始橡皮塞與錐形瓶裝設完成後，便以熱融膠封住細縫固定，再進行實驗。(3)關於自製溫度計測量未知溫

度時常出現不準確的狀況（教師自行實驗結果準確度相當高，但學生自己做的結果卻不如預期，這也跟學生刻度畫得不標準有關），原因在於水溫與體積之間的關係不完全是直線關係，還有容器膨脹率與水的膨脹率不同之故，為克服相關問題，僅取30～60℃間作實驗（類似線型），以求盡量接進實際溫度而不會差太多，主要的目的為學生在實驗的過程中體會溫標設計的意涵，在此實驗中「過程」勝於「結果」，是否「非常」準確倒也不是那麼重要，實驗結果即使不如人意，從中教師亦可引導學生思考為何測不準的原因及改善的方法，進而在學習科學的同時也培養學生如何思考問題的發生原因。

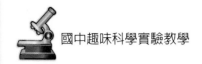

熱量大考驗

（一）適用對象：國中八年級學生

（二）配合單元：熱量與水溫變化

（三）課前引導：

　　學生在學習「溫度與熱」的章節時，首先遇到的第一個單元是「溫度」，其次則是「熱量」。「熱量」一詞對學生來說並不陌生，學生常聽到廣告中的詞語，並且了解熱量所代表的意義，然而學生卻不清楚食物熱量的多寡及如何推算得到，課本中提及：熱量代表一種傳送或流動的量，所傳遞的能量多寡稱為熱量。…熱量的單位是卡路里，簡稱為卡（cal）。質量1克的水溫度上升1℃所需要的熱量為1卡。從以上文字敘述，我們可以發現課本對「熱量」的描述相當的精簡扼要，對於程度較佳的學生大概不成問題，但對於程度較差的學生就未必能理解文字的意涵，更遑論將「文字」意涵轉換成可被應用的「公式」，即使把公式死背起來也不知道如何應用在生活上，故本文將無趣的公式及定義以趣味科學實驗的方式表現出來。

　　教師可以先進行講述教學法，把「熱量是一種能量，能量是可以流動傳遞」的概念講述清楚，再者以瘦身減肥的新聞議題引

發學生對食物熱量的興趣，教師再引入熱量的趣味實驗，讓學生
自己動手研究零食的熱量到底有多少（學生必然會問：熱量怎麼求
得？），而教師可在實驗進行的過程中導入熱量的計算方法，雖然
熱量算出來的結果並不精確，但學生卻可從實驗中體會熱量的存在
及在無形中學會熱量的粗略推算方法。

（四）教學步驟：

1. 本實驗的教學目標是為了讓學生了解熱量的計算方法及在
   生活中食物所含的熱量多寡。

2. 教師先請學生準備市售洋芋片、○○仙貝、口糧等四種零
   食，並予以編號。

4. 每組學生先將洋芋片、○○仙貝、口糧各取一片進行稱
   重，並記錄之。

5. 請每組取四根試管，管內分別裝入50 mL的水，並放入溫度
   計測量起始水溫，並記錄之。

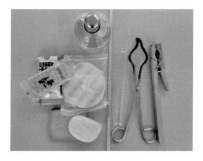

圖1　準備實驗器材與零食

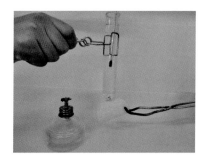

圖2　實驗裝置圖

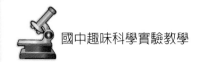

6. 以夾子將洋芋片夾起，並以酒精燈點燃，點著後置於試管下方作為加熱源，等洋芋片完全燒完後（中途熄滅可再重新點火燃燒，至完全不能燃燒為止），記錄試管內溫度計末溫。

7. 可利用擋風板圍成ㄇ字形，以減少零食在燃燒過程中的熱量損失（每次燃燒零食與試管間的距離要相等）。

8. 利用公式：熱量（H）＝質量（M）×上升溫度（△T），計算「水」所吸收的熱量。

9. 重複步驟5～8，依序完成○○仙貝、口糧的燃燒實驗。

10. 請學生估算「每一包」零食的熱量，並記錄之，比較與零食包裝上標示的熱量是否相同呢？若不同，差異在哪？

11. 教師必須說明以上做法忽略熱量散失不計，只是粗略推估的方法。

圖3　將零食點燃後放置試管下方

圖4　讀取溫度計末溫

熱量大考驗工作單

編號1：旺旺仙貝	編號2：洋芋片
每片重量：_____克 (1)水的質量：__50__克 (2)溫度：_____℃→_____℃ (3)熱量_____cal／片	每片重量：_____克 (1)水的質量：__50__克 (2)溫度：_____℃→_____℃ (3)熱量_____cal／片
編號3：營養口糧	編號4：雪月仙貝
每片重量：_____克 (1)水的質量：__50__克 (2)溫度：_____℃→_____℃ (3)熱量_____cal／片	每片重量：_____克 (1)水的質量：__50__克 (2)溫度：_____℃→_____℃ (3)熱量_____cal／片

圖5　口糧燃燒實驗

圖6　仙貝燃燒實驗

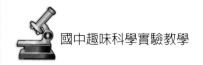
（五）教師延伸思考：

「天呀！仙貝燒起來好可怕！水都滾了！」、「洋芋片邊燒還會邊滴油！」、「口糧看起來乾乾的、不油，想不到可以燒這麼久！」這些都是學生在實驗時發出的驚訝與疑問，跟一般人對零食熱量的看法大不相同，教師可以在實驗中與學生討論這些與想像中有所差異的零食，它的成分組成有何不同？例如：口糧雖然不油，但是它的重量幾乎是脫水去油脂後的淨重，不易點燃且熱量高，難怪可以當成軍用糧食。透過實驗中的討論，可以讓學生在實驗中學習到熱量的計算方式及了解到各種零食的熱量組成與常識，達到貼近學生生活的目的。

這個實驗雖是以小組競賽的方式來進行，但小組提供數據的精準性並非最重要，而是冀望學生在實驗的過程中體會熱量的意涵，並知道生活中零食具有高熱量，過度攝取零食可能會造成身體上的負擔，進而在學習理化的同時也學習如何健康過生活。

本實驗最大的缺點在於無法精準推算零食的熱量（各組數據差異頗大，但是從各組呈現的數據仍可以知道那種零食的熱量偏高），因爲在燃燒的過程中熱量散失無法估計，如果教師只是希望學生熟練熱量的推算方法及各類零食熱量多寡的性質比較，此單元不失爲一個有趣又實用的實驗。

走馬燈、石板烤肉

（一）適用對象：國中八年級學生

（二）配合單元：熱與溫度─熱的傳播

（三）課前引導：

在「溫度與熱」的章節中，最簡單且生活化的單元是「熱的傳播方式」。熱的傳播方式有三種：傳導、對流、輻射，在不同的物質狀態下，其傳熱的方式亦有不同。課本以鋁棒及玻璃棒的導熱實驗來介紹「傳導」，以木屑在滾水中的流動方式來介紹「對流」，以塗黑、塗白及正常溫度計在太陽底下的溫度變化來介紹「輻射」，相信這些實驗都能讓學生體會到三者的差異性。但是生活中並不會遇到課本設計好的狀況，學生亦很難聯想到這些情況與熱傳播原理有何關聯，本文的「走馬燈」實驗及「石板烤肉」實驗更能貼近庶民生活，除了加深學生對熱傳播的印象外，也強化科學原理的應用性。「走馬燈實驗」是透過簡易走馬燈的製作，帶領學生探究熱對流原理及影響走馬燈轉動快慢的因素；「石板烤肉」則是取材於生活中且具有應用性的實驗，學生從親自挑石頭、加熱石頭、烤肉等過程，讓學生明白熱傳導的生活應用及探討熱傳導的影響因素，不是死背課本的知識，而是讓科學「活」起來。

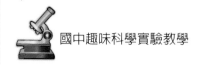

（四）教學步驟：

▶ 走馬燈

一、**實驗材料**：紙杯、紙圈、三腳架、酒精燈、鋁線（鐵線）、
　　剪刀、美工刀、量角器。

二、**實驗步驟**：

◎頂開式走馬燈

1. 取一個紙杯（最好是厚一點的紙杯如咖啡杯等，較易切
　 割）倒放，在紙杯的圓底部以鉛筆先行畫分出四等分（如
　 圖1所示）。

2. 在各等分線左右再畫上2mm寬的切割線，再以美工刀順著
　 切割線進行切割，每等分葉片上只能割開同一邊的切割線
　 及杯緣的弧線，另一邊不能切割，另一邊的切割線僅能用
　 刀背輕劃，以利摺出葉片角度（如圖2所示）。

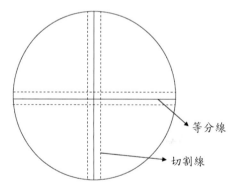

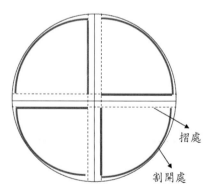

圖1　四等分葉片畫法　　　　圖2　四等分葉片切割法

3. 將割好的葉片順著褶線向上摺，葉片與底面的夾角度約30度（以量角器測量），即完成走馬燈的燈罩部分（如圖3所示）。

4. 取三角架一只，三個腳架處並各以一條鋁線（鐵線）綁緊，三條鋁線交於三角架的圓心處上方，三條線以鉗子扭緊為一條線，作為走馬燈罩的支點（高度不可過低，以免屆時燒到燈罩）。

5. 將酒精燈置於三角架下方處並點燃（酒精燈焰不可過大），同時將走馬燈罩放在支點上，觀察走馬燈是否旋轉，學生可計時一分鐘走馬燈可旋轉幾圈，以比較熱對流驅動力的大小（如圖4所示）。

6. 學生可改變葉片與底面的夾角為45°、60°、90°，觀察走馬燈轉數是否增加或減少？原因為何？

7. 學生亦可改變葉片數為三片、六片、八片等形式，觀察走馬燈轉數是否增加或減少？原因為何？

8. 綜合以上變因，學生可分組進行討論，歸納出何種形式的走馬燈可達到最佳的熱對流效果。

圖3　走馬燈燈罩部分

圖4　走馬燈裝置圖

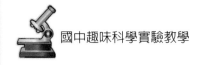
◎側開式走馬燈

1. 取一個紙杯（最好是厚一點的紙杯如咖啡杯等，較易切割）倒放，在紙杯的圓底部以鉛筆先行畫分出四等分（如圖5所示）。

2. 沿著杯底的等分線向杯壁畫下來至杯緣，杯壁的線上畫一個長方形（長4cm×寬1cm，可自行設計），再以美工刀順著長方形進行切割（等分線上的「邊」不要割開，只要以刀背輕劃即可，以利摺出葉片角度，如圖6所示）。

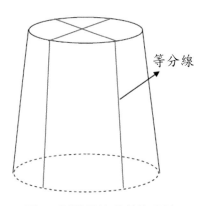
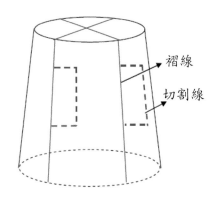

圖5　側開四等分葉片畫法　　　圖6　側開四等分葉片切割法

3. 將割好的葉片順著褶線向上摺，葉片與杯面的夾角度約30°（以量角器測量），即完成走馬燈的燈罩部分（如圖7所示）。

4. 取走馬燈三角架一只，將酒精燈置於三角架下方處並點燃（酒精燈焰不可過大），同時將走馬燈罩放在支點上，觀察走馬燈是否旋轉，學生可計時一分鐘走馬燈可旋轉幾

圈，以比較熱對流驅動力的大小（如圖8所示）。

5. 可改變長方形扇葉面積的大小（長一點或寬一點），觀察
　走馬燈轉數是否增加或減少？

6. 可改變葉片與底面的夾角為45°、60°、90°，觀察走馬燈轉
　數是否增加或減少？原因為何？

7. 學生亦可改變葉片數為三片、六片、八片等形式，觀察走
　馬燈轉數是否增加或減少？原因為何？

8. 綜合以上變因，學生可分組進行討論，歸納出何種形式的
　走馬燈可達到最佳的熱對流效果。

圖7　側開走馬燈燈罩部分

圖8　側開走馬燈裝置圖

◎環香型走馬燈

1. 取一個紙杯倒放在A4紙上，沿紙杯的邊緣以簽字筆畫分一
　個圓，再以圓心為起點，畫一個螺旋狀圖形，圈數以不超
　過4圈為原則（圈數過多，最外圈會垂至三角架上不利旋
　轉）（如圖9所示）。

2. 以剪刀沿著螺旋狀外緣剪開，直至圓心為止，即完成環香

型走馬燈罩。以圓心為支點,將環香型走馬燈掛在三角燈架上,觀察走馬燈是否旋轉,學生可計時一分鐘走馬燈可旋轉幾圈,以比較熱對流驅動力的大小(如圖10所示)。

3. 可以改變環香型走馬燈的螺旋狀直徑、圈數、環狀寬度、紙張的種類等因素,觀察走馬燈轉數是否增加或減少?

4. 綜合以上變因,學生可分組進行討論,歸納出何種形式的走馬燈可達到最佳的熱對流效果。

圖9　環香型走馬燈畫法

圖10　環香型走馬燈裝置

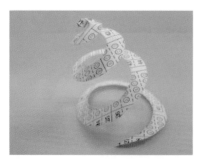
圖11　環香型走馬燈細部圖

圖12　環香型走馬燈放置方式

▶ 石板烤肉

一、**實驗材料**：石頭（石板）、食用油、肉片。

二、**實驗步驟**：

1. 準備工作：先至溪邊撿拾適合進行實驗的石頭，石頭大小約男生的手掌大（直徑約15cm），平均厚度不超過3cm（厚度儘量均勻），形狀以扁平狀為宜，不可有裂縫、不同成分的分層狀（以免有爆裂之虞）。

圖13　適合進行實驗的石頭，形狀以扁平狀為宜

2. 石頭以菜瓜布將表面刷洗乾淨，並以加醋酸的熱水煮沸三分鐘（如圖16）。

3. 將石頭撈起放在三角架上，以煮咖啡的瓦斯燈加熱石頭，火源不可太大（中火至小火加熱），使石頭能夠均勻受熱。

圖14　實驗裝置圖

圖15　大石板則需要二個瓦斯燈

4. 以滴管滴水在石頭上，倘若水滴立刻滾燙蒸發即代表石頭
   表面已達到高溫。此時可將沙拉油塗抹在石頭表面，即可
   將肉片放在石頭上烤熟（如圖17）。

5. 讓學生體驗原住民如何應用熱傳導的原理及利用石板進行
   食物的烹煮。

圖16　以醋酸沸水殺菌

圖17　石板進行食物的烹煮

（五）教師延伸思考：

「走馬燈」的實驗比較強調學生探究「走馬燈轉速或熱對流驅力的影響因素」的能力，學生必須花時間設計葉片形式、葉片數、角度等，影響因素繁多也考驗學生的耐心及手作能力。而「石板烤肉」實驗則比較趣味化些，較不強調數據的精準度，強調體驗課程的樂趣，學生從揀石、刷洗煮石、加熱至烤熟，彷彿是開同樂會般，課堂歡笑之聲不絕於耳，學生也從手作體驗的課程中將科學原理內化到日常生活之中。

但是這些實驗過程中仍會遇到許多問題，以「走馬燈」為例，常見的問題有：(1)走馬燈得燈架製作不易，學生無法將鐵線綁在一起；(2)走馬燈常會燒掉；(3)走馬燈因熱對流溫度不夠或其他因素，而不會轉動；(4)特別是頂開式及環香式走馬燈葉片切割不易（或許和學生的幾何作圖能力有關），造成實驗失敗。教師的解決方法：(1)走馬燈的燈架本採用鐵絲製作，因考量學生的手作能力，故改用較易加工的鋁線，但缺點就是較軟容易變形。(2)走馬燈會燒掉可能是溫度太高所造成，可以將燈架做高一點或酒精燈焰調小一點，若使用燈泡作為熱源亦可，但需考慮使用高瓦數的白熾燈（要考慮學校的電源插座是否足夠），才能產生足夠的熱力，熱力不夠也是許多走馬燈不會轉的主因。(3)頂開式走馬燈因切割的面積小，一個不小心就容易失敗，如果時間有限建議學生作四葉片式即可；環香式走馬燈不可使用西卡紙等較厚的紙，因酒精燈的熱力不足以使它旋轉，太薄的紙又會使它飄走或燒掉，建議使用磅數較高的A4紙即可，圈數不可過多，以不下垂卡住三角架為原

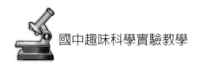

則，若太長或旋轉不順，可拿剪刀作適當的剪裁，直至可順利轉動為止。

　　至於「石板烤肉」實驗較易出現的問題在於石頭厚度不均勻或者已有裂縫，導致石頭受熱後熱漲冷縮不均勻，有可能產生爆裂的危險，故石頭的挑選必須相當仔細（除了要薄且均勻之外，材質最好也能夠是同一種），老師最好能事先測試，此外，加熱的工具最好選用加熱源均勻或者加熱速度慢者，酒精燈或咖啡瓦斯燈亦可，以免受熱點集中造成爆裂（因為熱源是點狀擴散，倘若加熱升溫過快會有熱膨脹過快的疑慮），但缺點就是加熱太慢，等待時間較久（曾試過在戶外以柴火加熱，受熱均勻且安全，唯準備時間久、受限於天氣影響，如時間充裕者可以嘗試）。這些實驗都是深具生活化及應用性的實驗，教師可從中引導學生思考如何將科學原理應用在解決生活的問題上，讓學生了解學習的目的並非只是為了考試，更重要的是將學習的經驗應用在未來的生活之中。

圖18　戶外實驗必須先行整地及準備材火，比較麻煩但是有趣

圖19　在戶外以柴火加熱石板，效果及安全性都比較高

點幣成金

（一）適用對象：國中八年級學生

（二）配合單元：物質的基本結構—常見的元素（七上）、化學反應—常見的元素（七下）

（三）課前引導：

　　在國二上學期理化課本的最後一章「物質的基本結構」，開始進入了化學的微觀世界，該章節有抽象、微觀的單元，也有單純需要學生背誦記憶的單元，譬如：「生活中的常見元素」單元，便是介紹生活中常見的數十種金屬及非金屬元素之特性與用途，這部分的課程內容需要學生記憶各種元素的性質，才能應付考試的需要，對學生而言，該單元看不到實物，而且也無法操作實驗，光聽老師講解總覺得索然無味，要是能接觸真實的物質應該能加深印象吧。

　　在「常見的元素」單元中，找出可以實際動手做的實驗，於是選定「銅元素的合金」來進行趣味實驗，其主要原因：(1)銅金屬易取得，生活中的一元便是純度很高的銅金屬，(2)課本提及：「黃銅是銅、鋅的合金，用來製作黃澄澄的樂器…」，將一元紅銅色的「硬幣」變成黃澄澄的「金幣」對學生有極大的吸引力，讓學生除了將課本的知識記起來之外，也能體驗一下古人點石成金的神

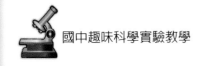

奇魔法。

（四）教學步驟：

一、原理：利用合金的性質，將銅幣變成黃銅（鋅銅合金，Zn占18～40%，Cu占82～60%）。

二、材料：一元銅板1枚、鋅粉少許、氫氧化鈉數粒等。

三、製作方法：

1. 在蒸發皿中置入少許的水、2～3顆氫氧化鈉、少許的鋅粉。

2. 將蒸發皿中的溶液置於陶磁纖維網上加熱至沸騰（請注意氫氧化鈉蒸氣會嗆傷，提醒學生遠離）。

3. 先將一元銅幣以砂紙磨去污漬及生銹之處，再以HCl洗淨乾淨，以蒸餾水沖洗（如果是新幣則可省去此步驟）。

4. 將銅幣投入於蒸發皿中蒸煮，直至銅幣變成銀色（約3～5分鐘），取出並用水洗淨（鋅與氫氧化鈉反應產生Na_2ZnO_2，再經銅還原成金屬鋅，使銅幣變銀色）。

5. 用夾子將銀幣置於火焰上加熱，至銀幣變為金黃色即刻取出（約3～5秒）。

6. 俟冷卻後用水洗淨即變成金幣，若要恢復原狀則將金幣置於火源再加熱即變回原色。

圖1　鋅粉與氫氧化鈉混合

圖2　硬幣撈起後以水沖洗

圖3　硬幣逐漸變金黃色

圖4　三種顏色硬幣比較

（五）教師延伸思考：

　　「點幣成金」不僅是一個化學實驗而已，它還是個魔術，除了讓學生了解什麼叫作「黃銅」之外，也展示真的有人可以點石成金，所以社會上流傳許多金光黨（詐騙集團）以假黃金騙取許多老人家的真黃金，並非謠傳而且可以用科學的方法辦到，讓學生心生震撼，教師也可以藉此機會進行公民教育，教導學生如何辦識真假黃金的辦法。

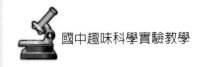

　　此外，本實驗仍有許多需要注意的地方：(1)實驗所用的銅幣最好採用新幣，實驗效果會較佳，如果使用太舊的硬幣，必須先經過砂紙磨過，再以鹽酸、氫氧化鈉清洗，否則做出來的金幣仍會有黑色斑塊。(2)氫氧化鈉在蒸發皿中蒸煮，其蒸氣嗆鼻難聞，氣喘學生容易引發不適，教師最好多加注意。(3)實驗過程中硬幣先經蒸煮，再經火烤，使硬幣的溫度頗高，要提醒學生勿用手碰觸，先以水沖洗降溫後，再行拿取，以免發生燙傷意外。(4)銅幣在蒸發皿中蒸煮反應完後，會形成銀色（鋅金屬）的中間產物，硬幣上會黏著少許的鋅粉，應先以水沖洗並用手搓乾淨，再進行下一步驟，以免影響反應結果。教師亦可藉此引導學生思考此中間產物是如何形成，如果要把金幣變回銅幣又該如何操作呢？以作為學生課後的補充教材。

煉銅

（一）適用對象：國中八年級學生

（二）配合單元：氧化還原

（三）課前引導：

　　國二下學期的理化課程中，「氧化還原」章節算是教學分量較小的單元，國中基測出題率也不高，此章節有三個小單元分別是「氧化反應與活性」、「氧化與還原」、「氧化還原的應用」等，除了第一單元有「金屬的氧化（燃燒）」實驗之外，其他單元並無實驗可以進行，雖然氧化還原的概念不難理解，但學生光憑課本的敘述：

　　「物質與氧結合稱為氧化反應，相反地，氧化物失去氧的反應，稱為還原反應。」「本身氧化的物質，具有還原另一物質的能力，稱為還原劑；相反地，本身發生還原的物質，具有氧化另一物質的能力，稱為氧化劑。」

　　且沒有親眼看到反應的進行，確實需要花一些功夫在腦中建構學習脈絡，尤其學生常會出現「氧化劑、還原劑」弄不清楚的迷思問題，要解決迷思概念必須讓學生親手做、親眼看到，才會對氧化還原的反應有所體會，才會搞得清楚何者被氧化、何者被還原了，

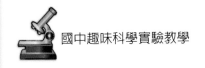

本文配合本章第三單元「鐵礦冶煉」的介紹，也設計了「銅礦冶煉」的實驗，目的除了介紹「氧化與還原」之外，也可與課本中的「鐵礦冶煉」兩相比照，更能加深學生的印象。

（四）教學步驟：

一、目的：將銅礦（氧化銅）冶煉還原成金屬銅。

二、實驗材料：氧化銅、木炭、大試管、試管夾、酒精燈、石灰水、橡皮管、玻璃管、鋁箔紙等。

三、實驗步驟：

1. 先取一小塊木炭，以報紙包覆後，放入塑膠袋內包緊，以大石塊敲打木炭至粉碎。

2. 將塑膠袋、報紙打開，取出粉碎狀的木炭屑，以研磨棒或石頭繼續碾碎，直至木炭全部變成粉狀。

3. 取1支大試管裝入1克的黑色氧化銅，再倒入剛磨碎的木炭粉，攪拌均勻後，<u>試管套上有孔橡皮塞，在橡皮塞上插上玻璃管，玻璃管再接上橡皮管，橡皮管末端放入裝有石灰水的燒杯內</u>（畫底線部分亦可省略）。

4. 以酒精燈（或煮咖啡瓦斯燈）加熱試管，待試管內出現沸騰狀（如果碳粉太少，未必會出現沸騰狀），即表示有二氧化碳釋出（如裝置中有加裝橡皮管者，可將氣體導入石灰水即可檢驗，若無此裝置則可省略），加熱約15～20分鐘後，試管底部出現紅色粒狀物，即表示部分反應完成。

5. 在桌上鋪上一小張鋁箔紙，將試管內的物質倒出並分散，
   找出紅色的銅粒，即可證明黑色氧化銅被木炭還原成紅色
   的銅金屬，碳則被氧化成二氧化碳釋出。

圖1　學生研磨木炭

圖2　氧化銅與碳粉外觀相近

圖3　銅礦冶煉裝置

圖4　產生的氣體使石灰水混濁

圖5　氧化還原後的產物

圖6　冶煉出來的銅

（五）教師延伸思考：

　　學生樂在參與「冶煉」的過程，從碎炭、研磨、加熱至找出銅塊，學生似乎「玩」得不亦樂乎，比起在教室上課，學生多了份專注與愉悅的神情，實驗的過程充滿了歡樂與合作學習的精神，那怕只是簡單的研磨動作，至少讓學生參與了學習，對學生來說，「冶煉」的結果好不好，似乎沒這麼重要。

　　這個實驗雖然不難，但每個步驟都需要花時間，課堂時間的掌控便相當重要，如果直接拿碳粉實驗，或許可省去許多時間，反正最重要的是看到冶煉後的「成果」，而且可省去學生許多麻煩，但在時間許可下，仍有必要讓學生從頭做起，參與那些看似無聊的過程，究竟為何要如此安排？原因在於我們的教育方式都太「照顧」學生了，就連實驗都講求「速成」，只要學生看到課本想表達的結果就行了，過程能省則省，搞不好學生連反應物加了什麼都不知道（氧化銅與碳都是黑色粉末，學生難以分辨），殊不知道學生便是在這樣的教育方法下養成「那東西本來不就是那樣嗎？」那種理所

當然的想法，失去思考原因的能力，所以才應該讓學生從頭做起，雖然有些麻煩、有些耗時，但學習的成果（非考試成績）絕對不是用分數可以衡量的。

學生從「冶煉」的過程中是否學會（看到）氧化還原反應？從學生的反應便可得知一二。教師若問學生：「為何要加木炭？」學生會回答：「要把氧化銅的氧搶走。」問：「怎麼證明？」學生回答：「有氣體（二氧化碳）跑出來（碳粉沸騰狀）。」問：「怎麼證明是二氧化碳？」學生回答：「可以將氣體通入石灰水中，看有沒有變混濁。」從上述的對話可以看得出來，學生已從實驗中獲得氧化還原的初步概念，碳作為「還原劑」，進行將氧化銅還原的反應，而碳與氧結合而形成二氧化碳逸出，如果最後試管內出現了紅色的銅粉末就更加深學生印象及印證課本的內容，這不是比教師採用講述法及化學反應式解釋（現今的許多學生根本看不懂化學反應式）更加有效嗎？

$$碳 + 氧化銅 \rightarrow 二氧化碳 + 銅$$
$$C + 2CuO \rightarrow CO_2 + 2Cu$$

C被氧化
$$C + 2CuO \rightarrow CO_2 + 2Cu$$
CuO被還原

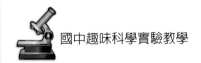

無字天書、抗氧化大作戰

（一）適用對象：國中八年級學生

（二）配合單元：氧化與還原－氧化還原的應用

（三）課前引導：

　　「氧化與還原」章節中有三個主要單元分別是「氧化反應與活性」、「氧化與還原」、「氧化還原的應用」等，其中「氧化還原的應用」單元中介紹一些與生活有關的氧化還原反應，譬如課本提到：

　　生活中常見的還原劑包括次氯酸鈉（NaClO）、氧氣（O_2）、過氧化氫（H_2O_2）等，常見的還原劑有煤焦、氫氣、一氧化碳和二氧化硫等。…在藥物及食品化學上，還原劑稱為抗氧化劑，如類胡蘿蔔素、維生素C和維生素E等，可延緩食物氧化或人體細胞老化。…

　　這些介紹相當實用且有趣，也都能貼近學生的日常生活，不過，學生面對考試仍常常搞不清楚誰是「氧化劑」、誰是「還原劑」，生活化的單元可以透過讓學生動手做，加深學生對這些科學現象的印象，也印證課本所闡述內容的正確性。本文配合第三單元「氧化還原的應用」的介紹，也設計了「無字天書」的實驗，讓學

生一邊作畫一邊觀察「氧化劑」與「還原劑」對碘液顏色產生的反應，如同山水潑墨般地富含層次變化，「抗氧化大作戰」實驗，則以市售的果汁、茶飲、養生液為實驗對象，探討生活中的抗氧化食品是否真的有「抗氧化」功用。

（四）教學步驟：

▶ 無字天書

一、**實驗材料**：碘液、水彩筆、維他命C、維他命E、硫磺水、氫氧化鈉溶液（或小蘇打溶液）、硫代硫酸鈉等、廣用試劑、雙氧水。

圖1　準備各種溶液　　圖2　雙氧水（左）、碘液、廣用試劑（右）

二、**實驗步驟**：

1. 分別準備維他命C溶液、維他命E、硫磺水、氫氧化鈉溶液（或小蘇打溶液）、硫代硫酸鈉溶液各50mL裝入燒杯中備用。

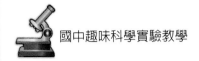

2. 將碘液、廣用試劑、雙氧水裝入噴瓶（100mL）中備用。

3. 以不同的水彩筆（不可混用）沾維他命C溶液、維他命E、硫磺水、氫氧化鈉溶液（小蘇打溶液）、硫代硫酸鈉溶液在白紙上畫圖。

4. 畫完後將白紙以吹風機吹乾，在將白紙放在鋪好的報紙上（或紙箱內），以裝有碘液的噴瓶朝白紙上方噴灑碘液（不可直接對紙噴灑，以免過多碘液破壞圖案），觀察白紙上圖案是否出現？噴在圖案上的碘液顏色變化為何？

5. 再以裝有廣用試劑的噴瓶朝白紙上方噴灑（不可直接對紙噴灑），觀察白紙上圖案是否出現？噴在圖案上的廣用試劑顏色變化為何？

圖1　維他命C與碘液進行反應（上）維他命C、碘液及廣用試劑反應（下）　　圖2　硫代硫酸鈉與碘液進行反應（上）硫代硫酸鈉、碘液及廣用試劑反應（下）

圖3　硫磺水與碘液進行反應（上）
　　　硫磺水、碘液及廣用試劑反
　　　應（下）

圖4　氫氧化鈉與碘液進行反應（上）
　　　氫氧化鈉、碘液及廣用試劑反
　　　應（下）

圖5　小蘇打與碘液進行反應（上）
　　　小蘇打及廣用試劑反應（下）

圖6　維他命E與碘液進行反應（上）
　　　維他命E及廣用試劑反應（下）

6. 再以裝有雙氧水的噴瓶朝白紙上方噴灑（不可直接對紙噴
　 灑），觀察白紙上圖案有何變化？顏色變化爲何？

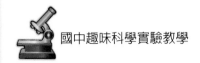

圖7　雙氧水使維他命C字跡氧化

圖8　雙氧水使硫代硫酸鈉字跡氧化

圖9　雙氧水使硫磺水字跡氧化

圖10　雙氧水使維他命E字跡氧化

▶ 抗氧化大作戰

一、**實驗材料**：碘液、玉米粉、綠茶、柳橙汁、人蔘飲、冰糖燕窩、蜆精。

二、**實驗步驟**：

1. 分別準備汽水、綠茶、柳橙汁、人蔘飲、冰糖燕窩、蜆精各50mL裝入燒杯中備用（若有固體先行過濾，僅留下液體部分）。

2. 配製澱粉溶液：取1克的玉米粉（澱粉）溶於50mL水中，加熱至沸騰，攪拌均勻使其不會產生沉澱，冷卻至室溫後備用。

3. 取小燒杯內裝10mL的待測液體，並加入10滴的澱粉溶液。

4. 以滴管吸取碘液，來滴定小燒杯內的待測液體（已加澱粉溶液），觀察待測液體是否變色（藍色），若未變色，再滴入碘液，直到溶液出現藍色且5秒內未消失為止，記錄滴入的碘液量。

5. 滴入的碘液越多，代表該待測液體的抗氧化能力可能較強，與同組同學討論哪些食品（食物）具有高抗氧化性。

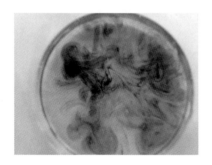

圖11　柳橙汁滴入碘液變色

圖12　綠茶反應前後顏色變化

圖13　柳橙汁反應前後顏色變化

圖14　汽水反應前後顏色變化

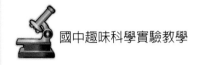

（五）教師延伸思考：

　　學生在「無字天書」實驗玩得不亦樂乎，學生對於碘液及廣用試劑變色充滿好奇，也嘗試著在二種指示劑及多種還原劑中作顏色上的變化。如果這個實驗只是將碘液加入維他命C溶液、維他命E、硫磺水、小蘇打溶液、硫代硫酸鈉溶液等五種溶液中觀察顏色變化，雖然可以明顯看到碘液顏色消失，但趣味性卻大幅降低，倘若透過作圖或寫字的方式寫出隱藏字，再以碘液噴灑紙上讓字顯現出來，就增加了學生對此實驗的創造性，此外，再加上另一種噴液一廣用試劑，除了讓顏色有更豐富的變化外，主要的目的還是要學生觀察，酸鹼性對氧化還原的影響，特別是鹼性會對碘液造成自身氧化還原（自身氧化還原反應：氧化劑還原劑均爲同一物質），反應式如下：

$$3I_2（黃褐）+6OH^- \rightleftarrows 5I^-（無）+IO_3^-+3H_2O$$

　　此反應有別於維他命C所造成的氧化還原，老師可藉由噴灑廣用試劑的顏色變化教導學生辨認那些液體是因爲本身的強鹼性而造成自身氧化還原。當然，最後再使用雙氧水等強氧化劑進行噴灑，學生會觀察到這些明顯的字漸漸變模糊，代表碘又被氧化回來了，也進一步驗證氧化還原反應的可逆性。

　　在「抗氧化大作戰」的實驗中，呈現一個生活驗證的樂趣，我們都常聽到許多食物（食品）都標榜著有抗氧化的功效，也都無條件接受這樣的說法，甚至花大錢去買抗氧化的食品（當然有許多食

品的成分不只有抗氧化，還有其他複雜的功效），我們可以透過簡單的實驗去了解這些食物是否有類似還原劑（抗氧化）的效果，利用碘被還原成碘離子，水溶液顏色會變無色，當抗氧化物完全反應完後，過量的碘將無法被還原成碘離子，碘液便會和溶液中的澱粉反應，呈現深藍色。讓學生從碘液的滴定中驗證哪些食物也有抗氧化劑存在，跟課本所述的內容是否相同，不過，教師必須從旁澄清一些觀念，這些成分較單純的食品（食物）會變色可能跟氧化還原有關，但較複雜的食品便不一定適用此推論，此外，該實驗也只能定性的觀察抗氧化力的存在，卻不能過分推論抗氧化力的強弱，以免誤導學生。

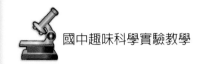

酸鹼大考驗

（一）適用對象：國中八年級學生

（二）配合單元：電解質與酸鹼鹽

（三）課前引導：

　　「酸鹼鹽」單元是國二學生在學習上比較困難的章節，而大考的出題率也頗高，此章節常出的題型為酸鹼性質的判斷之綜合題組，如下面題目：

1.小雪在實驗室中拿四種藥品，分別是氫氧化鈉水溶液、氫氧化鈣水溶液、鹽酸、硫酸，卻因疏忽忘了貼標籤，只好適量取出一些液體做檢驗，檢驗結果如附表所示，則下列何者正確？
(A)甲是氫氧化鈉　(B)乙是鹽酸　(C)丙是硫酸　(D)丁是氫氧化鈣。

編號	石蕊試紙的顏色	通入二氧化碳有白色沉澱	打開瓶蓋冒煙與否
甲	藍色	有	否
乙	紅色	否	有
丙	藍色	否	否
丁	紅色	否	否

2.在實驗室配製氫氧化鈉、氫氧化鈣、鹽酸、硫酸的水溶液，卻
因疏忽忘了貼示標籤，只好各酌取適量溶液再做檢驗，檢驗的
結果如表，試問各個編號的物質名稱為何？

編號	石蕊試紙測試	通入CO_2，有白色沉澱	加入氫氧化鋇，有白色沉澱
甲	藍色	有	否
乙	紅色	否	有
丙	藍色	否	否
丁	紅色	否	否

　　其中各種酸類、鹼類的性質與用途介紹及導電性的判斷是此
類題目作答的關鍵依據，倘若學生對這些性質不熟悉，誤答的機會
就相對提高。雖然這個單元的難度不高，但需要記憶的內容頗多，
且許多酸鹼特性類似容易混淆，加上學生鮮少接觸這些酸鹼物質，
要能夠應用在題目上，確實有難度，此外，「認識電解質」及「常
見的酸與鹼」二個單元雖有實驗操作，但許多老師因課程的進度壓
力，通常會擇一作實驗（或示範實驗）或者以實驗影片取代，故學
生在學習上會覺得無趣，學生對「感到無趣」的單元不會有太好的
表現。想讓學生學好此章節，有必要讓學生親自動手操作實驗，但
礙於課程時間有限且每個實驗時間不足一節課，使教師裹足不前，
如果將二個單元的實驗合併為一，教師在上完「認識電解質」及
「常見的酸與鹼」章節後，準備多種未知溶液，讓學生依外觀、味
道、觸覺、電解質的導電度、酸類特性、鹼類特性等單元內所學的
知識，來判斷未知溶液的種類，讓學生將所學的文字內容轉換成實

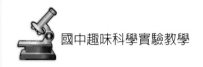

際應用的技能，使得實驗課程變得新奇，此外，還可讓學生進行分組比賽，那一組答對的未知溶液數目越多分數越高，兼具娛樂功能的多元評量，遠比刻板的紙筆測驗有趣多了。

（四）教學步驟：

一、實驗材料：鹽酸、醋酸、氨水、汽水、糖、鹽、酒精等溶液、鎂帶、花等。

二、實驗步驟：

1. 取7個乾淨燒杯，分別標示A、B、C、D、E、F、G，並在7個燒杯內裝入鹽酸、醋酸、氨水、汽水、糖、鹽、酒精等溶液備用（配製時需使用蒸餾水，且溶液濃度不可過高），老師可以不必告訴學生有哪七種物質。

2. 請同學組裝電解質檢測裝置，如下圖所示。

   (1) 取地墊一塊切割成6cm×4cm矩形備用，在地墊上中央以簽字筆點三個圓點，每個圓點相隔1cm，再取二根迴紋針拉直，呈現L狀，並將拉直的迴紋針插入矩形地墊的第1,2個圓點之中，並用透明膠帶固定（如圖1）。

   (2) 再取一個電阻（約50Ω～200Ω），一端插入第3個圓點之中，另一端則隨意固定在矩形地墊的邊緣上。

   (3) 取3V（1.5V電池二個）電池盒一個，紅端接在電阻的一端（地墊的邊緣），黑端插入迴紋針插孔中（第1個圓點），務必與迴紋針接觸。

   (4) 選用大顆的LED燈晶粒，LED燈的長腳插入電阻的另一

端（第3個圓點），LED燈的短腳則插入另一個迴紋針插孔中（第2個圓點）且與迴紋針接觸（如圖2）。

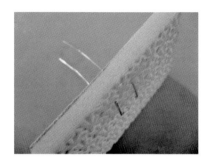

圖1　迴紋針拉直呈L狀插入

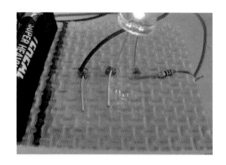

圖2　導電裝置線路接法（接電阻版）

(5) 裝上3V電池，並將電池盒以雙面膠黏在矩形地墊上固定，放入鹽水中測試LED燈是否能夠發亮。

(6) 電池可使用3號或4號，如果不裝電阻亦可，電池盒的紅端改接在LED燈的長腳上即可，但要降低溶液濃度，以避免LED燈燒掉（如圖3～4）。

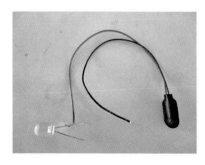

圖3　紅線與LED長腳相接（不接電阻版）

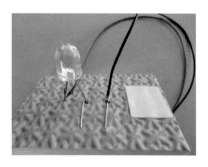

圖4　導電裝置線路接法（不接電阻版）

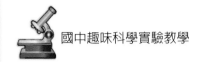
3. 請同學製備酸鹼指示劑。（如果時間不夠，可用現成的指示劑取代此步驟）

　(1) 取紫色花朵一株，將花瓣取下，以剪刀剪碎後放入研磨缽中。

　(2) 以杵將花瓣磨碎成汁，再加入少許的蒸餾水。

　(3) 將花瓣碎片過濾後，留下花瓣汁液倒入試管中，取數滴汁液加入酸性的溶液中，觀察顏色變化；取數滴汁液加入鹼性的溶液中，觀察顏色變化，記錄該液體在酸性及鹼性中的識別顏色，以便檢驗未知溶液的酸鹼性。

4. 發給每組同學八支滴管及一小段鎂帶，如果沒有鎂帶，可使用蛋殼替代。

5. 每組以乾淨試管取用A、B、C、D、E、F、G七種未知溶液各5mL（只能取一次），並以所提供有限的材料來檢驗七種未知溶液的種類。

6. 檢驗完成後，請與同學討論並完成學習單，並將結果標示在黑板上。

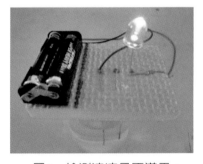

圖5　檢測溶液是否導電

圖6　亦可使用小顆LED燈（較易購得），但微量電解質也可能導致發亮

（五）教師延伸思考：

　　學生對於「競賽」有著莫名的興奮感，如果還加上獲勝獎品的誘惑，各組學生莫不卯足全力想辦法把答案猜出來。這個實驗有二個重要的關鍵步驟，第一、必須檢驗出何者是電解質（酸、鹼、鹽類），組裝「電解質檢測裝置」成為學生第一道難題，本文的電解質檢測裝置已經簡化許多，不致於花太多時間在組裝問題上，當學生能判斷電解質，就能將物質分為二類。第二、溶液酸鹼性的判斷。酸鹼的判斷法有很多，除了自製指示劑之外（老師亦可省略指示劑製作，沒有指示劑亦能判斷酸鹼性），可以透過酸鹼性質的差異來判斷（酸遇碳酸鈣會產生二氧化碳），當學生能判斷酸鹼性時，便可在將電解質分為二類，再輔以外觀、氣味的判別，其實七種物質已能全數分辨（猜）出來。

　　此外，實驗仍有許多可以改進的地方：(1)實驗過程中，有學生會想使用觸摸、或舌嘗的方式進行辨認，雖說科學仍可透過五官辨別，但為了安全性最好不要輕易嘗試，即使要嘗試溶液觸覺也必須在老師的安排及監督下進行。(2)要確認「未知的強酸」是「鹽酸」並不容易，但學生幾乎可以猜到（基於老師愛用及它的安全性），倘若要認真地找出判別的決定性條件，可以嘗試「鹽酸（氯化氫氣體）與氨水（氨氣）會產生白色固體氯化銨煙霧」這項性質，把氨水加入鹽酸中即可出現白霧（需使用高濃度溶液），濃度太低並不容易觀察得到，建議教師可於課後解說時再行示範。(3)加分題的部分，是教師可自由發揮的空間，建議使用「氫氧化鈣」溶液，因為學生可透過上述「酸鹼大考驗」的實驗步驟來確定它是

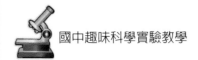
「強鹼」，因為學生學到的強鹼並不多，僅氫氧化鈉及氫氧化鈣二種，這二者的差異性質便是氫氧化鈣有檢驗二氧化碳的功能，學生可透過吹氣來判斷是何種鹼性物質，除了加深學生對酸鹼性質的應用外，也增加了趣味性。

圖7　檢測溶液是否為酸性

圖8　氯化氫與氨氣反應

◎加分題：

　　在完成實驗課程後，你是否對酸鹼有一定的了解？請你運用你的知識，幫我解答下面的未知液體可能是何者？

解答：

組別：＿＿＿組長：＿＿＿＿＿
組員：＿＿＿＿＿、＿＿＿＿＿
組員：＿＿＿＿＿、＿＿＿＿＿

酸鹼大考驗學習單

編號	A	B	C	D	E	F	G
圖示							
是否導電							
味道外觀觸感							
投入鎂帶							
加指示劑							
酸鹼性							
其他方法							
檢驗結果							

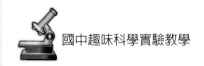

氫氣槍

（一）適用對象：國中八年級學生

（二）配合單元：酸與鹼（或「化學反應」單元、或「元素與化合
物」單元）

（三）課前引導：

　　「酸和鹼」單元是介紹各種酸類、鹼類的性質與用途，對學
生來說，雖然難度不高，但需要記憶的內容頗多，且許多酸鹼特性
類似容易搞混，加上學生從未看過這些酸鹼物質，記憶難以深刻，
故學生段考遇到此章節時，表現通常不會太好。學生對此單元的成
績表現不佳總感到困惑，「不是只要背起來就行了嗎？為何老是學
不會、考不好？」經觀察發現，學生對「感到無趣」的單元不會有
太好的表現，即使背起來也忘得快，例如：課文有提到：「**酸的水
溶液與活性大的金屬，如：鐵、鎂、鋅、鋁等，進行反應，會產生
氫氣，氫氣點火會產生淡藍色火焰及爆鳴聲…**」。上述文字所闡述
的酸類性質，對學生來說，並沒有特別的感覺，學生沒有親眼看到
酸反應，也沒見過氫氣爆炸（在他們的觀念裡，氫氣與氧氣差別不
大，皆是無色、無味，差別在於助燃性與自燃性而已），更不知道
爆鳴聲是怎樣的感覺？即然如此便不能苛求學生要學會這些抽象又

單調的現象，故本文以「氫氣槍」實驗，讓學生親眼看見所學的文字內容，讓課程變得有趣又好玩，並引導學生印証先前所介紹的單元內容，例如：「元素與化合物」單元中提到，鈉遇到水會產生氫氣，氫氣遇高溫會燃燒爆炸，從本實驗便可觀察到燃燒爆炸現象；又例如：「化學反應」單元中提到，氫氣與氧氣燃燒會產生高溫及水的化合反應式，式中氫氣與氧氣的反應係數比是2：1，可讓學生嘗試養樂多瓶灌滿氫氣是否可點燃產生爆炸呢？原因為何？可否以化學反應式做出解釋呢？此外，還可讓學生進行分組比賽，比賽誰射進養樂多瓶的分數最高，兼具娛樂的功能，本實驗除了讓學生將課本的知識記起來之外，也讓課程多了份競賽的趣味。

（四）教學步驟：

一、目的：

1. 讓學生了解「酸的性質」（酸遇到活性大的金屬會產生氫氣）。

2. 讓學生了解氫氣的特性與危險性。

3. 讓學生了解化學反應中，氫與氧點火反應會產生爆炸的實例驗證。

二、原理：

1. 利用點瓦斯用的點火槍，點燃養樂多瓶中的氫氣，爆炸射出養樂多瓶，顯示氣體膨脹的壓力與氫氣爆炸的危險性。

2. 活性大的金屬（鎂、鋅、鐵、鋁等）與酸（鹽酸）反應會產生氫氣，而氫氣具有可燃性，與氧氣點火燃燒會產生淡

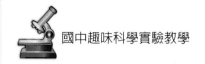

藍色火燄及爆鳴聲，可用排水集氣法收集氫氣，以進行下列實驗。

反應式：$Mg + 2HCl \rightarrow MgCl_2 + H_2$

$\qquad 2H_2 + O_2 \rightarrow 2H_2O$

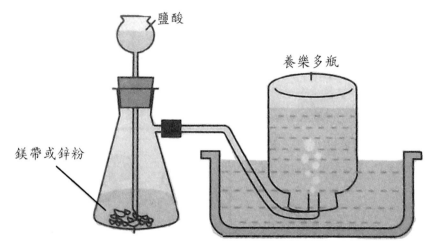

圖1　實驗裝置圖

三、器材：

鹽酸一瓶、鎂帶、養樂多瓶數個、橡皮塞數個、瓦斯槍一支、水槽一個、側管錐形瓶一個、橡皮管。

四、實驗步驟：

1. 先將水槽內的水裝五分滿，並取數個養樂多瓶裝滿水後，以橡皮塞塞住，放入水槽底部排列整齊。

2. 取有側管錐形瓶一個,在側管上裝上橡皮管,並在錐形瓶放入數段鎂帶(如果沒有鎂帶,可使用鋅粉等活性大的金屬),取些許鹽酸順著薊頭漏斗倒入錐形瓶中(若不用薊頭漏斗亦可,每次少許鹽酸直接倒入錐形瓶中,並在瓶口塞上適當大小的橡皮塞,務必壓緊!)。

3. 將橡皮管放入水槽中,輕輕搖晃錐形瓶,數秒後橡皮管冒出氣泡,前10秒無需收集,之後取水槽內的一個養樂多瓶,拔掉塞子將橡皮管口移入養樂多瓶內,收集氣體約至瓶子的2/3即可。

4. 收集氣體約至瓶子的2/3後,瓶子移離水中,瓶中剩餘水自動流下,並拿橡皮塞塞住養樂多瓶,並倒立放置在桌面上(瓶底朝上)。

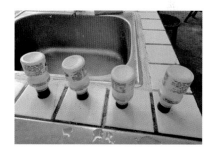

圖2　排水集氣法製造氫氣　　　　　圖3　養樂多瓶擺放方式

5. 點火槍裝上單孔橡皮塞,並取1個裝有氫氣的養樂多瓶,拔下塞子,套在點火槍的橡皮塞上,按下點火板機,點燃養樂多瓶中的氫氣,瓶內氫氣與氧氣燃燒化合致使氣體快速

膨脹，爆炸射出養樂多瓶。

圖4　養樂多瓶倒著裝入點火槍上

圖5　發射氫氣槍

五、比賽規則：

1. 取乾淨養樂多瓶一個，收集適當的氫氣量，並用橡皮塞塞住。

2. 將養樂多瓶倒置套入點火槍的單孔橡皮塞上。

3. 扣點火槍板機，即產生火花點燃氫氣，爆炸射出養樂多瓶。

4. 每組射五次至指定區域，依區域內標示分數，加計總分，最高分組別為優勝。

六、注意事項：槍口千萬不可對人或在他人耳邊發射。

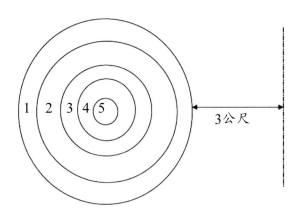

（五）教師延伸思考：

　　這個氫氣槍實驗必然讓所有同學為之瘋狂，也讓沒經歷過槍炮聲的同學們體驗一下模擬戰場槍炮的威力，相信學生在求學階段一定不會忘記這堂「震撼力」十足的課程。但這堂課除了好玩之外，也有學生需要學習的地方：

　　(1)本實驗的過程可以讓學生複習之前學過的實驗技巧，如：排水集氣法，讓學生明白氧氣製備的實驗裝置也可以用於氫氣或者其他氣體的收集（教師亦可補充有那些氣體便不適合這種方式收集），有助於加深學生的學習印象及熟練實驗技巧，實驗的過程中亦有學生表示：「以前收集氧氣時很生疏，現在再做一次（排水集氣）便覺得沒有這麼困難。」由此可知，動手操作可增進學生對實驗的熟悉度。

　　(2)學生之所以樂於學習，最大的關鍵在於「是否有趣」。相同的學習內容，單以文字及傳統的教學定會讓學生望之怯步；如果

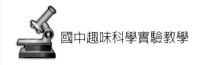

老師按照課本所述，帶學生「規矩地」做一次實驗（把酸倒入金屬中觀察產生氣體的變化），我相信對「部分」的學生一定會有效果，但另一部分的學生（特別是低學習成就者）必然效果很差，因為他們本來就不是熱衷學習的人，如果老師採用趣味性的實驗，必然會引起大多數學生的注意，至少就成功了一半，至於學生能學多少就視教師的功力及學生的能力，正如本實驗「氫氣槍」的課程內涵，包括了許多單元的教學課程，如果教師能藉一個實驗融合許多的科學概念，提高教學的效率，相信我們的教學可以不用因趕課而充滿壓力。

凸糖（或碰糖、膨糖）

（一）適用對象：國中八年級學生

（二）配合單元：電解質與酸鹼鹽

（三）課前引導：

　　「酸鹼中和」單元中，中和反應的化學計量是該單元的重頭戲，學生要認識中和反應的現象外，離子式的寫法、酸鹼用量的計算、離子濃度的變化亦是老師教學上的重點，除了介紹中和反應外，還必須認識一些常見的鹽類，譬如：氯化鈉、硫酸鈣、碳酸氫鈉等，這個單元的內容「要會算也要會背」，學生不得不「嚴肅且緊張」地看待它，然而嚴肅的章節中總能找到有樂趣的一面，譬如：課本上提過碰糖的製作是利用小蘇打粉受熱產生二氧化碳，使糖膨脹而製成。總會有學生問起「碰糖」是什麼？吃起來口感如何？那會好吃嗎？學生對酸鹼中和反應的好奇度還遠不如「碰糖」，許多教師還不一定有見過或做過「碰糖」，與其照本宣科，還不如親自帶學生來一趟「碰糖美食之旅」，本實驗的目的除了可以讓學生親手製作百聞不如一見的「碰糖」外，更可以從科學的問題中帶領學生探討台南歷史及人文的特色。

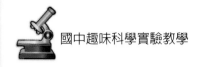

（四）教學步驟：

一、**實驗材料**：大杓子、卡式爐、二砂糖、黑糖、食用級碳酸氫鈉等。

二、**實驗步驟**：

1. 取二砂糖（紅糖）2大匙裝入大杓子內，再用少許的水加以濡濕（不可太多），亦可加入1匙黑糖增加風味。

2. 將大杓子放在卡式爐上，卡式爐轉最小火，以小火加熱至糖液變淡褐色，有黏稠狀，以筷子沾糖液是否會呈絲狀。

3. 待糖液呈黏稠狀後，將大杓子移開火源。

4. 趕緊加入1小匙小蘇打粉（食用級碳酸氫鈉），並快速攪拌糖液，使小蘇打粉與糖液混合均勻後拿起筷子（不可過度攪拌，否則不會膨脹），即可看見糖液顏色變淡且膨脹隆起後變硬。

5. 等待糖液不再膨脹，且表面完全硬化後（約3分鐘），將大杓子拿至卡式爐上以小火微微加熱（杓子加熱時沿邊緣旋轉），約10秒後將杓子倒蓋即可將碰糖取下。

6. 品嘗碰糖的味道。想一想：假設將原料二砂糖改為白糖是否會成功呢？

圖1　糖液進行加熱

圖2　糖液變淡褐黏稠狀

圖3　加入小蘇打後快速攪拌

圖4　碰糖膨脹隆起

圖5　碰糖取下（正面）

圖6　碰糖取下（背面）

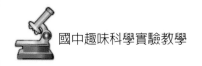

（五）教師延伸思考：

我們常說教學要「寓教於樂」，我想「碰糖」實驗便是最好的印證。我們的課程常為了在有限的時間內完成教學目標，故在每個章節所安排的實驗都是為了印證前人的科學理論或原理，於是乎實驗變得很「理論」或者「不夠親民」，學生即便學會這些實驗技巧，卻很難在生活中用得到，久而久之學習變成了不知為何而學，如果說有什麼需要改變，除了課程編排需要改變之外，老師也有責任從既有的課程中尋找有趣的題材，讓師生能夠在教室中共同成長，「碰糖」實驗是一個很好的例子。

「碰糖」是台南地區特有的零食，特別在赤坎樓及安平古堡附近，有歐巴桑推著攤車做著販賣碰糖的生意，也有部分的攤販提供DIY的活動。這個題材是很棒的生活與科學結合的範例，教師可以從台南的地理、歷史及文化切入，進而介紹台南的飲食特徵，導入「碰糖」的製作方式及其中所蘊涵的化學原理，一系列的介紹跳脫了科學的本位主義，融入跨領域跨學科知識的統整及史地文化與科學對話的饗宴，學生的學習將更有完整性及主體性。從學生參與活動中可以發現，從加熱至碰糖成形，過程中學生驚呼連連、感歎聲（成功）及哀嚎聲（失敗）此起彼落，即使失敗也要屢敗屢試，學生「玩」得不亦樂乎，比起在教室上課，學生更加專注與愉快，至於製作碰糖的結果好不好，似乎沒這麼重要，如果我們的課程內容可以讓學生學會勇於嘗試的樂趣，相信學生在面對未來挑戰時也能樂在其中。

傳統竹筒（電土）炮、改良版電土炮

（一）適用對象：國中八年級學生

（二）配合單元：有機化合物

（三）課前引導：

　　「有機化合物」是個生活實用性很高的章節，許多學生對此章節的實驗都充滿期待，譬如：乾餾實驗、酯類製造、肥皂製作等，不過在有機化合物的章節中，第二單元「常見的有機化合物」介紹碳氫化合物的分類與命名，卻讓學生感到困難與枯燥，在此部分的教學內容，教師必然會說明碳氫化合物的結構式（模型）及類型（烷類、烯類、炔類等），而教師會花大多數的時間介紹「烷類」，至於「烯類」及「炔類」就只能匆匆帶過，許多學生對於碳氫化合物的認識就只有「烷類」，甚為可惜。客家先民早期為了驅趕田裡的鳥獸，會將電石（電土）裝入竹筒內，加水點火引爆後，就會發出震撼且響徹雲霄的聲響，流傳至今演變成民俗慶典上會產生巨響的禮炮。此竹筒炮的原理便是利用電石遇水產生乙炔，乙炔具有可燃性，點火後在竹筒中氣體膨脹產生爆炸聲。此章節可以融入「竹筒炮」這個充滿威力的實驗，學生可以透過竹筒炮的製作，學習乙炔特性、體驗爆炸的威力，並藉此了解古人的智慧結晶。

（四）教學步驟：

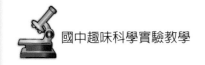 傳統竹筒炮

一、**實驗**原理：電土又稱電石，電土的成分是碳化鈣
（CaC_2），竹筒炮的原理是利用電土加水的化學反應，化
學反應式如下：

$$CaC_2（電土）+2H_2O \rightarrow C_2H_2（乙炔）+Ca(OH)_2$$
$$2C_2H_2（乙炔）+5O_2 \rightarrow 4CO_2+2H_2O$$

竹筒炮施放時是將乙炔與竹筒內空氣（氧氣）混合點火，產
生二氧化碳氣體、水蒸氣及大量的熱量，使竹筒內氣體急速
膨脹，連鎖反應的結果，造成氣體在竹筒裡劇烈碰撞，因而
產生爆炸聲。

二、**實驗**材料：電土（碳化鈣）、水、竹筒（內直徑至少
10cm，內徑太小效果不佳）。

三、**實驗**步驟：

1. 準備工作：先至山坡竹林處砍裁竹子，選擇直徑至少10cm
以上的竹子，以鋸子自底部鋸斷後，將竹子節處的多餘竹
枝及刺削平，竹筒自較寬的底部向上取180cm，其餘部分若
直徑小於8cm則以鋸子鋸斷後捨棄不用，若竹子夠長則可多
裁出一支竹筒。

2. 從整支竹筒的一端（炮口）以鐵棒或鋼筋插入打穿竹節，
但留下底部的二個竹節不要打穿。

3. 在竹筒未打穿的一節，距離竹節約4cm處，在竹面上鑿一個

洞（洞不可太小，以免無法點火）。

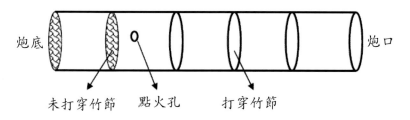

炮底　未打穿竹節　點火孔　打穿竹節　炮口

圖1　竹筒結構施作圖

4. 竹筒完成後，將竹筒架在樹幹上、牆上或基座上（請自行
依地形設計）呈45度角，將電土一小塊（約20克）由炮口
投入竹筒底部。

5. 取50～100mL的水由炮口倒入，並確認電土與水在進行反應
（嘶嘶聲），並在砲口套上塑膠袋，並以橡皮筋綁緊，或
塞上紙球，在點火孔蓋上濕布以防乙炔溢出。

圖2　竹筒炮架設

圖3　以酒精的棉布點燃炮筒

6. 等待5～8秒讓電石與水反應完全後，拿開點火孔的溼布，以火把（長竹子綁沾有酒精的棉布）從點火孔點燃引爆。

7. 施放後應倒出電石並以水清理炮管，維持管內的氧氣充足，以便於下次竹筒炮的施放（若竹子已裂開，則無法再使用，應更換一支）。

圖4　紙球從竹筒炮口射出

圖5　乙炔過多可能會使竹筒爆裂

▶ 改良版簡易竹筒炮

一、實驗材料：電土（碳化鈣）、水、餅乾鐵罐（黑○傅）或塑膠筒。

二、實驗步驟：

1. 因地緣之故，許多地方不易取得竹子，故本法改以其他生活中的容器代替竹筒，以達到類似的效果（聲響遠不如竹筒）。

2. 先準備餅乾鐵罐一個（有蓋子的鐵罐），在鐵罐的蓋子上用鐵鎚的尖端處敲一個洞作為點火孔，完成後將鐵罐炮筒

移到室外。

3. 將蓋子取下，將一小塊電土（約10克）投入鐵罐內，再加水30mL，並確認電土與水在進行反應（嘶嘶聲），蓋上鐵罐蓋子。

4. 等待5～8秒讓電石與水反應完全後，以線香從點火孔點燃引爆，便會聽到鐵罐發出清脆的爆鳴聲，鐵罐蓋子則會被彈飛至半空中。

5. 若以塑膠筒為炮筒，則先將塑膠筒清洗乾淨，在筒子的側邊離底部5cm處，以鐵鎚的尖端敲一個洞作為點火孔，以筒子頂部的開口為炮口。

6. 製作一紙球，其大小可以塞住塑膠筒的炮口為限，將一小塊電土（約10克）投入筒內，再加水100～200mL，並確認電土與水在進行反應（嘶嘶聲），用紙球塞住炮口。

7. 等待5～8秒讓電石與水反應完全後，以線香（或火把）從點火孔點燃引爆，便會聽到塑膠筒發出低沉的爆炸聲，紙球則受力被彈飛至遠處。

圖6　改良版鐵罐炮

圖7　改良版鐵罐炮施放

圖8　改良版塑膠筒炮

圖9　改良版塑膠筒炮施放

圖10　改良版鐵罐長筒炮

圖11　改良版鐵罐長筒炮施放

（五）教師延伸思考：

　　生活中針對有機化合物的應用實例很多，電土的的使用只是其中一例，爲何要特別介紹電土呢？在臺灣南部許多地方種植的水果，爲了讓水果保持較久的販賣期及較佳的賣相，常會在水果未完全成熟時將果實摘下，放在密封的催熟室中，再將固定比率的電土，用報紙包妥，放在待催熟果實四周，其所釋放的乙炔具有將果實催熟的效果；此外，電土還可拿來做爲照明的燃料，例如：早期

農民家中有都一、二台電土燈，以供晚上工作使用。只要將電土放入電土燈的底層，上層加滿水，在將水滴入電土，待電土接觸到水或潮溼空氣時會產生乙炔氣，再以火種引燃，火的亮度以滴入電土的水量作爲控制，因材料成本低，照明時間久，因此成爲早期農家的生活必需品。這些常識雖然實用，但因科技的進步卻很少有學生知道，我們常聽到學生說：「課本上讀到的東西又沒用」，並非知識無用，而是我們想把浩瀚的科學知識介紹給同學，卻忘了學生需要的是能解決生活問題的常識，教師可以透過「常見的有機物」這個章節的介紹，引導學生認識先民的智慧，進而學習應用這些有機物。

在實驗的過程中，教師先在電土上澆水後再點火再澆水，火不但沒熄，反而更加旺盛，學生對電土可以在水上著火充滿了驚歎的眼神，待教師帶領學生從砍竹到製作炮管，每位學生都積極參與並充滿期待，當電土炮聲一響，震撼的效果著實讓學生嚇了一跳，一塊小小的電土可以帶給人們方便卻也有著極高的爆炸威力，教師透過這個趣味實驗可以達到動手作的目的之外，也讓學生思考相同的物質，在不同的運用下可能帶給人們利弊卻有極大的差異，不可不愼。

此外，本實驗仍有許多可以改進的地方：(1)實驗過程中，會出現火點不著的情況，原因不外乎：水加的不夠多，導致產氣不足、點火孔太大，氣體逸散、點火孔太小，無法點燃氣體等，只要針對問題稍加改善，應可順利施放；(2)爲了增加竹筒中的氧氣濃度，以雙氧水加二氧化錳產生氧氣從點火孔灌入氧氣，試圖增加爆鳴聲，結果爆炸威力太大，造成竹筒瞬間炸碎，其威力驚人，千萬

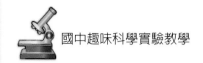

不可作如此嘗試，以免危害到學生生命安全，投入電土的量也應該
斟酌使用。(3)改良式電土炮實驗中，比較適合操作的是使用「餅
乾鐵罐」，因氣體膨脹的力量用於將鐵蓋彈飛（膨脹的空間亦有
限），所以安全性較高，至於方筒電土炮則建議用塑膠材質，鐵質
筒因為非一體成形，而有破裂之虞，應小心慎選。

手工肥皂

（一）適用對象：國中八年級學生

（二）配合單元：有機化合物─肥皂與清潔劑

（三）課前引導：

　　國中七年級的理化課程中，「肥皂製作」的單元是老師必定會帶學生去做的實驗，除了原料簡單，實驗操作容易之外，它與生活的連接性很高，許多學生對此實驗都充滿期待，教師樂得將皂化原理透過實作的方式介紹給學生，學生樂得在實驗後能夠帶一塊肥皂回家使用，不過……結果卻不盡然這麼美好，教師常會遇到學生在實驗中發出這樣的疑問：「好噁心！怎麼這麼油呀？」（想當然爾！一定是鹼太少或皂化不完全）、「怎麼這麼嗆又臭呀？」（氫氧化鈉的味道或者是油耗味）、「做出來都粉粉（顆粒狀）或糊糊的怎麼用呀？」（沒加工壓成塊當然如此）、「白白的、一點都不香！」（當然！沒加顏料或香精就是如此的原狀），「老師真是詐騙！誰想要這種爛東西呀！」（說真的，我也不太想用），聽到這些抱怨，老師或學生對這個實驗的興趣至少去了大半，學生會懷疑實驗的真實性，老師也許會跟學生解釋真正的製作原理就是如此，但學生一點也無法接受做出的東西與現實生活中的肥皂差這麼多，

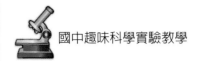

有學生問：「坊間賣的手工皂就不是這樣！」的確，外面賣的手工皂確實不是如此，那是因為製法不同、添加物也不同，在此提供二種不同於課本的肥皂作法，除了增加課程的多元性與趣味性外，也讓學生去比較它們之間的差異性與生活上的應用問題。

圖1　傳統實驗室製法

圖2　去除水分的肥皂塊

圖3　陰乾後的肥皂成品

（四）教學步驟：

◎冷製法（Cold Process）

一、**實驗原理**：將油脂和氫氧化鈉水溶液混合所製成的肥皂，又稱爲「冷製皂」或「CP皂」（英文縮寫）。冷製皂是將熔化後的油脂與經過計算定量氫氧化鈉水溶液充份攪拌，使其經過三週以上的完全皂化後產生肥皂與甘油產物，待肥皂的鹼度降低後即可使用。

二、**實驗材料**：油脂、氫氧化鈉、刀子、俎板、燒杯（或鍋子）、打蛋器、攪拌棒、溫度計、模具等。

三、**實驗步驟**：

1. 選取適當的油脂，通常選用數種油脂進行搭配，建議選用硬一點的固體油比例多一點，如：椰子油、橄欖油、棕櫚油、乳油木果脂、可可脂、胡桃油、牛油、豬油等，以免肥皂成品過軟。以下提供二種油脂配方：

   (a) 棕櫚油250克、椰子油80克、橄欖油170克，共計500克。

   (b) 棕櫚油200克、乳油木果脂100克、椰子油50克、橄欖油150克，共計500克。

2. 計算完全皂化所需的氫氧化鈉量，並量取適量的氫氧化鈉。由於不同油脂所需要的氫氧化鈉量也不同，需視油脂的「皂化價」來決定氫氧化鈉的添加量，「皂化價」亦即皂化1克油脂所需要之氫氧化鈉的克數。下表爲油脂的皂化價：

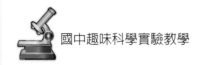

油脂	皂化價	油脂	皂化價	油脂	皂化價
椰子油	0.19	葡萄籽油	0.1265	月見草油	0.1357
橄欖油	0.134	芝麻油	0.133	大麻籽油	0.1345
棕櫚油	0.141	米糠油	0.128	荷荷芭油	0.069
大豆油	0.135	甜杏仁油	0.136	澳洲胡桃油	0.139
葵花油	0.134	杏核油	0.135	芒果脂	0.1371
蓖麻油	0.1286	蜜蠟	0.069	棕櫚核油	0.156
芥花油	0.1241	乳油木果脂	0.128	小麥胚芽油	0.131
白油	0.135	酪梨油	0.133	玫瑰果油	0.1378
玉米油	0.136	可可脂	0.137	豬油	0.138
花生油	0.136	榛果油	0.1356	牛油	0.141

例如：椰子油的皂化價是0.19，即1克的椰子油需0.19克的氫氧化鈉皂化。

例如：配方(a)棕櫚油250克、椰子油80克、橄欖油170克，需要的氫氧化鈉約計為：$250 \times 0.141 + 80 \times 0.19 + 170 \times 0.134 = 73.23$克

資料來源：http://gais4.cs.ccu.edu.tw/～htchang/soap.html

3. 為確保氫氧化鈉可以完全皂化，使皂化完成的肥皂裡不會有氫氧化鈉殘留，通常會「減鹼」5%～10%的鹼量，使皂化後仍有少許油脂留下，使成品較不澀，但是，減鹼越多，肥皂熟成後比較易出現油酸敗。

4. 將氫氧化鈉溶於水中（水量約為氫氧化鈉量×2.8倍），並攪拌至完全溶解，並以溫度計量測溫度，使其降溫至50～

55℃。

5. 將所有的油脂以小火加熱，並攪拌至完全溶解，並以溫度
計量測溫度，使其降溫至50～55℃。

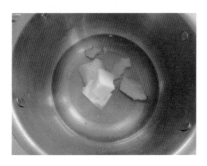
圖4　以小火熔化油脂

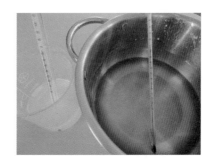
圖5　油脂與氫氧化鈉降至同溫度

6. 當達到溫度後，將氫氧化鈉水溶液加入油脂中，並以打蛋
器攪拌20分鐘，然後停止10分鐘，再攪拌20分鐘，再休息
10分鐘，餘類推，直到皂液呈濃稠狀（打蛋器提起皂液滴
入容器內，會在液面呈固體狀不會消散），時間約計要1～
2小時。

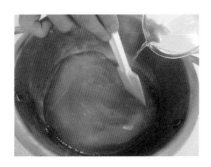
圖6　將氫氧化鈉水溶液加入油脂中

圖7　先以手動方式打發

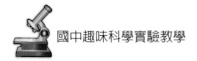

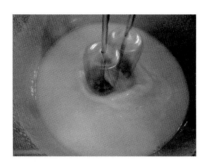

圖8　再以電動打泡機打發

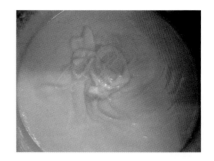

圖9　液面呈濃稠固狀不會消散

7. 加入香精、顏料等添加物後充分攪拌，將皂液倒入模型中
　　（自行準備易拆易脫模容器），將肥皂放入紙箱中，蓋上
　　布或報紙後，約3天後，手工皂變硬，即可進行脫模，肥皂
　　放在陰涼處等待2～3週完全反應。

圖10　加入香精、顏料等

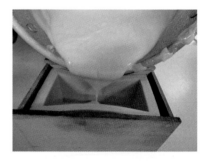

圖11　將皂液倒入模型中

8. 待2～3週後，並以試紙測試其pH值為7～9即可使用。

圖12　將皂液抹平，輕拍排出空氣　　圖13　反應完成後的手工皂成品

▶ 融化再製法（Melt & Pour）

一、**實驗原理**：利用已加工完成的「皂基」，予以加熱熔化，添加香精及顏料後，灌入模中塑形，成品稱為「融化再製皂」或「MP皂」（英文縮寫）。市面上所購得的皂基是已經皂化完成的皂，其本身即可立即使用，皂基又分為「透明皂基」及「白色皂基」二種。MP皂的製法簡單、顏色及造形可隨意創造，不需要了解太多的化學原理即可操作。

二、**實驗材料**：白色皂基、透明皂基、刀子、燒杯、攪拌棒、酒精燈、模具等。

三、**實驗步驟**：

1. 選取適量的皂基（約50克～100克），用刀子加以切成小塊狀，以便於熔化。

2. 將切塊的皂基放入燒杯中，放在酒精燈上加熱至完全熔化。

3. 將酒精燈移開，加入1～2滴的香精及1～2滴的顏料於燒杯中攪拌均勻，若皂液表面有過多泡泡，則可用噴瓶裝些許酒精，朝液面噴1～2下即可消泡，或可待皂液表面冷卻形成皂膜時，以針狀物從表面挑起皂膜。

圖14　以酒精燈熔化皂基

圖15　熔化後加入顏料與香精

圖16　待皂液冷卻至55℃左右

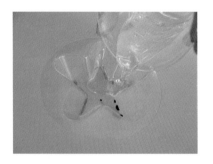

圖17　倒入滴有顏料的皂模中（絢染皂）

4. 待稍微冷卻後，將調好的皂液倒入模型中，待完全冷卻後（約10～15分鐘）即可脫模取下。

5. 以下提供二種基本作法，餘請自行發揮創意：

(a) 絢染皂：先將染料滴於皂模之中，依步驟1～3調好的透明皂液（不加顏料），倒入皂模中沖開染料，再以針狀物勾勒顏料花紋，待皂液冷卻後脫模取下。

圖18　絢染皂半成品（未脫模）

圖19　染料在皂液中暈染

(b) 分層皂：先取少量的皂基，依步驟1～4完成第一層的肥皂（約0.3～0.5cm厚度，並等待15～20分鐘，使其凝固），第二次再取少量的皂基，依步驟1～4完成第二層皂液，並將皂液倒入第一層皂成品之上（在倒入之前，以手指輕壓第一層確定凝固不凹陷），等待第二層凝固後，再進行第三層，餘類推。（注意倒入的皂液溫度約在56～58℃左右，太高溫會融化第一層，太低溫會使得成品脫模上下層分離）

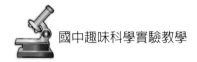

圖20　分層皂第一層皂液

圖21　待第一層乾後，再倒第二層
　　　皂液

圖22　分層皂半成品（未脫模）

圖23　絢染皂與分層皂技法混合

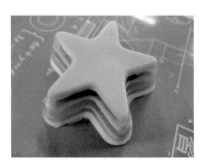

圖24　分層皂成品

圖25　絢染皂成品

（五）教師延伸思考：

　　如果說課本的實驗目的是為了介紹肥皂製作的化學反應，那本文介紹的二種肥皂製作方法則是符合群眾口味的商業製法。課本的製法主要強調「皂化反應」所呈現的現象，學生可以看到鹼與油脂反應的顏色及狀態的變化，「鹽析」的功能主要在分離主產物與副產物（甘油），最後產出的脂肪酸鈉（肥皂）只具有界面活性劑的功能性，當然沒有香味、外觀也不好看，嚴格說來，它只是個肥皂的半成品，「冷製皂」的作法保有「皂化反應」的步驟，卻省略加熱而以時間換取皂化反應的空間（所以才需要2～3週，另一種「熱製法」則須加熱但省時），當然也省去了「鹽析」（副產物不去除也無妨），卻多加了香精及顏料，而成為一個完整的肥皂商品，學生可以從此法中看到「皂化科學」的精神，也兼具商品化的意義（不再認為老師教法是騙人的），一般的精製手工皂便採用此法，但缺點是耗費時間、有失敗風險，有學生問考題中曾出現以「回鍋油」製皂的題目，便是採用「冷製法」，如果把考題拿來作實驗，卻不一定能成功，最大的問題在於回鍋油成分複雜，「皂化價」計算不易，通常鹼的用量會過多，這樣的「回鍋油皂」就不適合拿來接觸皮膚（或許洗衣還可以）；另一種「MP皂」的作法則是完全省略去「皂化」的過程，皂基本身就是個標準化的半成品（教師可以說明皂基的成分），學生只要添加香精及顏料即完成後製，它的目的強調的動手操作的樂趣、個人化商品的創意呈現、美感及技法的訓練等，民宿、遊憩區、DIY課程所販售的肥皂商品多是採用此法，優點是時間短、製程簡單，學生最喜歡的也是此作

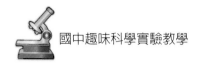

法，因為學生能掌控的因素多，實驗不再是一成不變，每個人做出來的成品也具有個人特色，深受學生歡迎。

　　建議教師讓學生使用課本的方式製作一次（一節課），再使用「融化再製法」再做一次（一節課），如果時間允許，還可以做一次「冷製皂」（二節課），為何要大費周章地讓學生做這麼多次實驗呢？就如同學生第一次看到課本實驗成品的反應：「這麼臭的肥皂誰敢用呀！坊間賣的手工皂就不是這樣！」如果教師就只是單純地介紹有機化合物—肥皂的化學原理，相信許多同學對科學不會「有感」，更不會認為（相信）生活中的商品都是藉由化學反應所製作出來的，促使學生以後寧可買加工商品也不願購買手工製品。教師有責任呈現化學原貌及商品的真相，讓學生比較二者的差異性，製作方法？香味的來源？學生除了學習知識外，也應該學會分析與判斷的能力。

圖26　複合式技法MP皂成品

圖27　學生的創意MP皂

誰是金鐘罩、報紙大力士、吸管大力士、試管火箭

（一）適用對象：國中八年級學生

（二）配合單元：壓力與浮力－壓力

（三）課前引導：

　　在國中八年級理化課程中，「壓力」單元是相當困難的課程，其闡述的內容包括了固體壓力、液體壓力與大氣壓力，該單元的內容相當多且繁雜，而且與「浮力」單元排在一起，當學生上完許多「力」的單元後，又得再學一個與「力」截然不同的「壓力」單元時，學生總是會產生與「浮力」觀念混淆（公式相近）及吸收不良（內容繁多，還包括連通管原理、巴斯卡原理等）等問題，而且「壓力」現象並不容易被學生發現或者是說學生並不曉得哪些生活的現象就是「壓力」的呈現，更別說能分辨它們的差異性。

　　在課本中介紹的實驗並不多（部分的示範實驗，許多學生在小學時期就玩過了），其中的托里切利實驗及馬德堡半球實驗，雖然可以闡述大氣壓力的內涵，但在實際教學中卻不易操作，原因在於找不到適合的器材（金屬球與大型的真空抽氣機）與顧及實驗的環保性（水銀），故本文提供數個與壓力有關的趣味實驗，每項趣味實驗的材料皆能從生活中、實驗室中輕易取得，而且兼具趣味及安

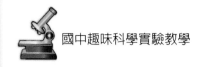

全的特性，學生能透過實驗的過程中，了解壓力的本質，並思考生活中還有哪些現象是應用壓力原理的實例。

（四）教學步驟：

▶ 「誰是金鐘罩」實驗

一、**實驗材料**：1.5吋鐵釘（4cm左右）約820根、木板（42cm×21cm）等。

二、**實驗步驟**：（步驟1～4由教師先行完成，或可交由木工廠商代工）

　1. 取一塊木板長寬約42cm×21cm、厚度約1cm～1.5cm，長寬可以更大，但厚度不宜太厚，會比較難釘直。

　2. 在板子上劃格線，縱線與橫線間的距離皆為1cm。

　3. 取1.5吋鐵釘（4cm左右）約820根，釘在每條線的交界點上，注意在釘鐵釘時要垂直釘入，不可釘歪。

　4. 釘板完成後，仔細檢查釘板上的釘子是否有特別突出者，要予以打平，使所有的釘子高度相同，有釘子歪掉者，則予以修正。

　5. 體驗（一）：將釘板放在椅子上，請同學坐在釘板上，雙腳稍微懸空，體驗坐在釘板上的感覺。

圖1　釘板裝置圖

圖2　學生坐在釘板上

6. 體驗（二）：請一位同學躺在桌子上，並將釘板倒放（底
面朝上，釘子面朝下）在學生身上，請另一位同學「坐」
在釘板上，請學生體驗被釘板壓住的感覺；再請坐在釘板
上的同學將腳懸空，觀察是否有異。

圖3　釘板倒放在學生身上

圖4　同學「坐」在釘板上

7. 體驗（三）：請一位同學躺在桌子上，並將釘板倒放（底
面朝上，釘子面朝下）在學生身上，請另一位同學「站」
在釘板上，請學生體驗被重物及釘板壓住的感覺，是否會

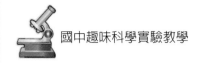

感到痛楚？

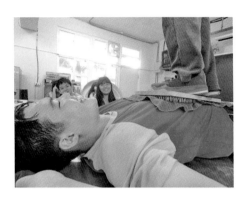

圖5　一位同學躺在桌上，另一位「站」在釘板上

8. 注意：本實驗仍有一定的風險，選擇「坐」或「站」在釘板上的學生的體重仍不可太重，躺在桌子上的同學最好選身材較壯碩者，並在學生身上鋪上一條毛巾或衣物，以免釘子勾傷學生（部分釘子品質不良容易刮傷學生，而非實驗所造成的刺傷）

▶「報紙大力士」實驗

一、實驗材料：冰棒棍（14cm×0.8cm）、報紙、30cm直尺等。

二、實驗步驟：

1. 取一支長冰棒棍放在桌子上，一端突出桌緣（突出桌面的冰棒棍長度要長一點，以方便後續的敲擊）。

2. 在長冰棒棍上（靠桌面內側）先蓋上一張報紙，報紙一邊與桌緣切齊。

3. 將報紙沿著冰棒棍邊緣壓緊，讓報紙與冰棒棍間沒有空隙。

圖6　務必要將報紙間的空氣擠壓出來

4. 在報紙上再蓋上第二張全開的報紙，並用力壓緊（因部分（舊）報紙較薄，恐有被冰棒棍刺破的疑慮，故需要蓋二張報紙，亦可省略此步驟），報紙上並不需要放置任何重物去壓住冰棒棍。

5. 用手或直尺敲擊冰棒棍突出桌面的部分（如果用手敲擊請注意安全，不要敲到桌緣而受傷，儘量使用長一點的冰棒棍）。

6. 請學生觀察結果，冰棒棍是否斷裂？報紙是否移動？原因為何？

7. 改用半開的報紙，同步驟1～6，觀察冰棒棍是否斷裂。

8. 注意：請不要使用加寬（厚）的冰棒棍或壓舌板，一般寬度的冰棒棍即可，以免實驗失敗。

圖7　報紙大力士實驗

圖8　冰棒棍折斷了

圖9　報紙大力士—砍斷冰棒棍連續動作

▶「吸管大力士」實驗

一、實驗材料：吸管一支、硬質水果一顆（如：芭樂、柳丁、蘋果等）。

二、實驗步驟：

　1.取一支吸管（一般直吸管即可，不要彎管），將吸管剪成適當長度（比手掌長一點即可，太長容易折彎），吸管二端皆剪成平口。

　2.取一種硬質水果，譬如：西瓜、芭樂、柳丁等。

3. 用手握住吸管中段向水果刺下去，觀察吸管是否插入水果中。

4. 如果將吸管用手握住，再用姆指頂住吸管的另一端，使吸管密閉。

5. 再用吸管一端向水果刺下去，觀察吸管插入水果的情況。

6. 請同學想想看，二者的差別在哪？原理為何？

7. 提醒：不要使用珍奶吸管，使用軟吸管帶給學生反差效果會比較強烈。

圖10　吸管大力士實驗

圖11　吸管插入水果中

▶「試管火箭」實驗

一、實驗材料：大試管（D=1.5cm）、小試管（D=1.1cm）

二、實驗步驟：

1. 取二支試管，一支口徑（D=1.5cm）稍大，一支口徑稍小（D=1.1cm），但口徑大小應相近。

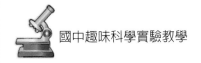
2. 將口徑大的試管裝滿水。

3. 將小試管管口朝上放入口徑大的試管中。

4. 大試管中的水會溢出無妨，小試管會半沉浮在大試管中。

5. 此時將持試管的手反轉，將大、小試管管口全部朝下。

6. 大試管中的水會流出來，但是小試管會如何？

7. 將大試管換成管徑更大一點的試管，重複步驟1～6，觀察結果是否改變。

圖12　大、小試管反轉之前

圖13　大、小試管反轉之後

（五）教師延伸思考：

在「誰是金鐘罩」實驗中，帶給學生極大的震撼效果，雖然課本有提到P（壓力）＝F（垂直力）／A（接觸面積），壓力與接觸面積成反比，當釘子數目越多，壓力會變小，學生仍然將信將疑，當教師把釘板拿出來，要學生坐上去，幾乎沒有學生敢嘗試，深怕屁股當場開花，好說歹說下學生終於坐上了釘板，果然不如想像中

可怕，但體驗換成「人躺在桌上抱著釘板，另一個學生站（坐）在釘板上」，學生當場大呼「不可能的事」，經過一番討論，終於推選出班上的「勇士」執行這項「不可能的任務」，當然這位勇士還是「安全」地下莊了，這時學生才體會科學的魔力，把我們觀念中認為很危險及不可能的事，變成可能發生的實驗，也有效印證課本的理論，學生會說：誰說「胸口碎大石」、「滾釘板」是特異功能呢？那只不過是「科學」罷了。

在「報紙大力士」實驗中，因為冰棒棍不易與報紙緊密貼合，如果不確實將報紙與冰棒棍間的空氣擠掉，空氣會從縫隙進入而導致實驗達不到預期效果，教師也可以請學生嘗試使用一張或半張報紙的差別，根據壓力定義，P（壓力）=F（垂直力）／A（接觸面積），大氣壓力一定時，報紙接觸面積越大，所受空氣的總力也會越大，學生才能在不壓住冰棒棍的情況下，發揮空手道高手的能力，將冰棒棍一分為二，讓學生學會一項可在朋友聚會中表演的才藝。

「吸管大力士」是學生最感到興趣的實驗。由於吸管是軟質物體，在正常的情況下難以刺入硬質水果之中，但是在大氣壓力的加持之下，吸管就變成猶如利刃般的堅硬，一舉插入水果之中，學生對此現象非常好奇而且躍躍欲試，教師可以在旁導引學生嘗試使用不同的吸管、不同的刺法，讓學生思考氣體壓力的應用方法，不過要提醒同學，千萬別對人體做實驗，否則可是會「皮開肉綻」。

「試管火箭」的實驗則是利用水流出試管時，造成雙管之間的短暫真空狀態，而大氣壓力則趁此時將小試管向上一推，形成試管抵抗重力而上升的不可思議現象。學生初次看到此現象都覺得是種

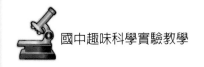

魔術或障眼法，經教師講述原因後，學生親手嘗試實驗都能得到良好的學習效果，但是此實驗須特別注意二個試管口徑必須相近，如此才能造成短暫真空，否則實驗可能會容易失敗而無法達到教學目的。

參、國中九年級的趣味實驗課程

跑跑卡丁車

（一）適用對象：國中九年級學生

（二）配合單元：力與運動－牛頓第三運動定律

（三）課前引導：

　　在國中「力學」的課程中，讓學生最感到困惑的章節便是「牛頓第三運動定律」與「兩力平衡」概念的迷思，二者之所以不同，是在於作用力的「對象」不同，「兩力平衡」中二作用力是作用在「相同物體」上，但是「牛頓第三運動定律」中的作用力是分別作用在「不同物體」上，所以造成「兩力平衡」的結果是物體平衡靜止，而「牛頓第三運動定律」的結果則是物體移動。教師可藉由「跑跑卡丁車」實驗讓學生體驗「牛頓第三運動定律」的威力，教師也可在實驗中澄清「牛頓第三運動定律」的迷思概念，讓學生思考作用力的對象是誰？反作用力的對象又是誰？二者所承受的力量是否相同？同時也培養學生對事物的觀察力及創造力。

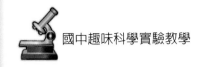

（四）教學步驟：

1. 本實驗的教學目標是為了讓學生了解牛頓第三運動定律（作用力與反作用力）在生活中的應用。

2. 實驗的進行方式是採分組競賽的方式，先將全班分為10組，每組3人，並完成一台卡丁車。

3. 教師請每組學生準備2～3個600mL保特瓶及數個瓶蓋、光碟片、筷子、吸管、竹籤、重物、膠帶、美工刀、鑽孔器及熱融膠條（槍）等物品。

4. 教師首先講述「牛頓第三運動定律」的基本概念，並請學生利用保特瓶等材料設計一個能夠跑得遠的車，並將設計圖畫在紙上。

5. 車子設計要求：

    (1)僅能以一個600mL保特瓶作為可供打氣的完整車身，車身的裝飾或加長可利用其餘保特瓶組合（數目不拘）。

    (2)車子必須要有輪子（數目不拘），製作輪子的材料限定使用光碟片，車輪必須要能夠轉動。

    (3)可於車身上加裝重物（重物形式不拘），以利車子能平衡行駛。

    (4)車子必須是自行創作或製作，不可拿市售半成品組合。

6. 車子的製作方式如下，僅供參考，可請學生自行研究變化。

    (1)取二個保特瓶，其中一個保特瓶保持完整，以作為打氣的瓶身，另一個保特瓶以美工刀切開，取其中一截接在

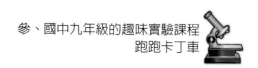

另一個完整的保特瓶上（亦可接二節），以電氣膠帶固定，並可裝上裝飾的車頭。

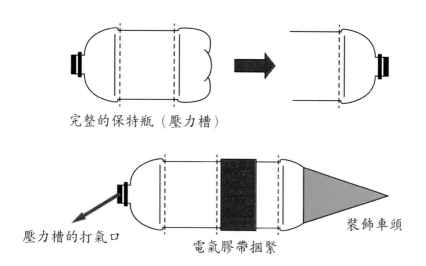

完整的保特瓶（壓力槽）

壓力槽的打氣口　　　電氣膠帶捆緊　　　裝飾車頭

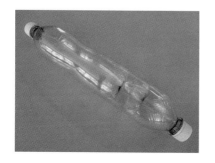

圖1　二個保特瓶相接

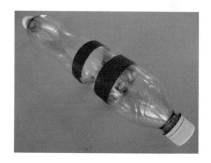

圖2　保特瓶相接處以電氣膠帶捆緊

(2) 取四個保特瓶蓋，以鐵釘加熱後（試管夾夾住鐵釘加熱，千萬不可用手碰觸，以免燙傷），在瓶蓋的中央熔鑽出一個洞，洞的大小略小於竹筷的直徑。

(3) 取四片光碟，分別在光碟的中央圓孔上，用熱融膠槍貼上四個保特瓶蓋，蓋面朝光碟（瓶蓋黏在車輪的外側，如果有多餘的瓶蓋，可以內外側都黏，以增加車軸的穩定度）。

(4) 取竹筷子一雙，粗吸管二支，將竹筷子分別插入粗吸管中，粗吸管的長度務必小於竹筷子，竹筷子必須突出粗吸管二端各約2cm以上，粗吸管多餘部分用剪刀剪掉。

(5) 將套有粗吸管的竹筷子二端，插入保特瓶蓋的小洞中，並以熱融膠槍固定竹筷突出瓶蓋處，即完成車軸。

 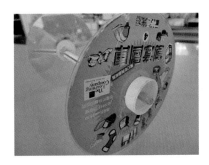

圖3　光碟輪子與車軸的連接方式　　圖4　竹筷套上粗吸管即完成車軸

(6) 取二根粗吸管（或竹筷）為一組，放在保特瓶的底部二側並以電氣膠帶捆綁，以作為卡丁車的車架（亦可用一塊珍珠板黏在保特瓶底部作為車架，若不用車架，直接將車軸黏在瓶身上，恐有熔掉破洞之虞）。

(7) 將二副車軸以熱融膠槍黏在車身架上，務求對稱平衡，在車身的底部加裝重物以增加車子重量，使車子不致於

受力後飛起（打氣量亦不可太多）。

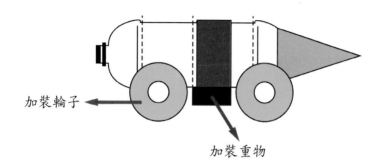

加裝輪子

加裝重物

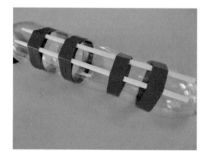

圖5　以竹筷作成車身的車架

圖6　二副車軸黏在車身架上

圖7　可在車身底部加裝重物以求穩定

圖8　可增加光碟片數來增加穩定

(8) 車子壓力槽的製作方式必須要正確，否則將無法將氣體打入瓶中，使車子運動，連接方式如上法所示，此部分製作必須由老師正確指導。

7. 學生依照設計圖及所提供的材料進行車子製作，並於完成後進行車輛測試，學生再依測試後的結果，進行小組討論並加以修正。

圖9　卡丁車結構完成（未裝飾）

圖10　卡丁車創作成品（裝飾）

8. 競賽規則：

(1) 每人有二次發射的機會，全組可以使用同一台或不同台車發射二次。

(2) 每台車內先裝入水（水的多寡自行控制），並在車尾鎖上發射頭，再將車子扣入發射架上（發射頭及發射架與水火箭裝置相同）。

(3) 調整發射架的角度，並使車輪著地，發射後，車子必須在規定內範圍移動（圖12）。

(4) 每組共發射六次，將整組六次積分相加，各組車子行進

總分數最高者為優勝。

(5) 車子未在規定範圍內發射者，不計分數；<u>車子離地飄起</u>
<u>者</u>，則重新發射一次，若車子再次離地，則不予計分。

圖11　車輛完成展示圖

圖12　車子與發射架組合

8. 計分方式

(1) 依六次總分排名次。

(2) 發射點距離靶心12m（距離依場地狀況自行調整），A之
半徑為1m、B之半徑為2m、C之半徑為3m、D之半徑為
4m、E之半徑為5m。

(3) 成績之計算依序為A區10分，B區為8分，C區為6分，D
區為4分，E區為2分。

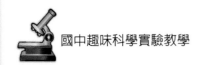
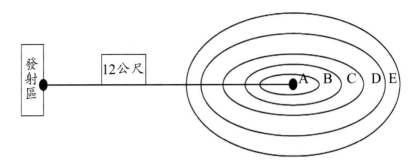

圖13　競賽場地圖（為了布置方便，目標區可以是圓形或方形）

9. 每組學生參與競賽後，教師可給予每組不同的意見，學生
再依教師所給的建議，進行改造及修正。

（五）教師延伸思考：

透過動手製作與競賽的過程，學生不僅了解「作用力」與
「反作用力」的意義，對於「牛頓第三運動定律」也有更深入的體
會。該實驗的趣味性及娛樂性十足，學生對於學習「牛頓第三運動
定律」並不會感到無趣，但該實驗雖然立意很好，但是有點耗費時
間，恐怕會耽誤課程進度。課程進度壓力長期以往都是教師及學
生無法克服的現實問題，本實驗從材料裁切、成品創作，到競賽活
動，的確需要花費較多的課堂時間，如果教師欲順利進行本實驗，
則必須挪用其他課堂時間進行教學或擠壓其他理化單元的實驗課
程，否則進度將大受影響。不過整體而言，該實驗對學習的成效提
昇仍有正面效果。

教師談到「牛頓第三運動定律」時，第一個想到科學實驗必
然是「水火箭」，「水火箭」的確能夠清楚地表現作用力與反作用

力的一項活動，然而在水火箭射遠比賽中，學生能操縱的因素或技巧卻不多，對一般學生而言，通常只要把氣打到滿就可以獲得很好的競賽分數（水火箭仍涉及一些流體力學的問題，一般學生並沒有這類的專門知識），本實驗有別於以往的「水火箭」實驗，其差別在於實驗規定車子不可騰空飛起，且必須在一定的路徑範圍內行駛，故增加競賽所需的控制變因，一昧的打氣並不會得到較好的分數，除了運用到「牛頓第三運動定律」之外，仍須考慮摩擦力、車輪的對稱性與滾動的順暢性、車子的重心及重量等，把之前在「摩擦力」、「力與運動」章節學過的概念應用在此項實驗之中，故實驗除了要有主要的科學概念之外，更要能夠引入其他次要的科學概念，如此對學生科學概念的統整才會有所助益。

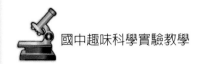

氣球火箭車

（一）適用對象：國中九年級學生

（二）配合單元：力與運動—牛頓第三運動定律

（三）課前引導：

　　此實驗單元仍是利用「牛頓第三運動定律」的原理來進行遊戲，與前述「跑跑卡丁車」最大的不同點在於製作的過程比較簡單，材料準備容易，教師比較容易掌控教學流程與時間，實驗的變數也比較單純，教師可於課堂中先介紹「牛頓第三運動定律」後，再取出一顆氣球，吹飽氣後在手上直接放開，讓學生觀察氣球在空中的運動軌跡，是否會亂飛？氣球的運動方向是否與出氣方向相反呢？在這個實驗中，誰是作用力，誰是反作用力呢？當學生討論並了解其中的原理後，再引導學生思考能否將這樣的力量運用於生活之中呢，把氣球變成火箭車之後，火箭車會亂跑嗎？原因為何？帶領學生從科學原理轉變成科學應用，進而啓發學生的創造力。

（四）教學步驟：

　　1. 本實驗的教學目標是爲了讓學生了解牛頓第三運動定律（作用力與反作用力）在生活中的應用。

　　2. 實驗的進行方式是採分組競賽的方式，先將全班分爲10

組，每3人爲一組，每一組要完成一台氣動車。

3. 教師請每組學生準備珍奶吸管、一般吸管各3根、衛生筷1
副、光碟片4個、氣球2個、西卡紙（或珍珠板）1張、電工
膠布1捲、剪刀1把、美工刀1把等物品。

4. 教師首先講述「牛頓第三運動定律」的基本概念，並請學
生利用現有材料設計一個能夠跑得遠的車，並將設計圖畫
在紙上。

5. 車子設計要求：

(1) 僅能以一個吸管、西卡紙（或珍珠板）製作車身，車子
的動力必須來自氣球本身的氣體，其餘裝飾媒材必須以
現有材料爲主。

(2) 車子必須要有輪子（數目不拘），製作輪子的材料限定
使用光碟片，車輪必須要能夠轉動。

6. 車子的製作方式如下，僅供參考，可請學生自行研究變
化。

(1) 先取四片光碟，分別在光碟的中央圓孔上，用熱融膠槍
貼上四小片的西卡紙或珍珠板。

(2) 取竹筷子一雙，粗吸管二支，將竹筷子分別插入粗吸管
中，粗吸管的長度務必小於竹筷子，竹筷子必須突出粗
吸管二端各約2cm以上，粗吸管多餘部分用剪刀剪掉。

(3) 將套有粗吸管的竹筷子二端，插入貼有西卡紙（或珍珠
板）的光碟中，並以熱融膠槍固定竹筷突出珍珠板處，
即完成車軸（光碟的內外側皆可黏上珍珠板，以增加車
軸的穩定度）。

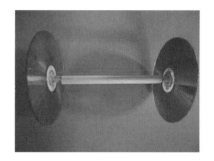

圖1　光碟輪子以珍珠板及竹筷固定　　　　圖2　無三角架的車軸

(4) 其中一副完成的車軸，以一根細吸管在車軸中央處，黏出一個三角形車架，以支撐氣球專用。

(5) 取二根細吸管為一組，並以電氣膠帶捆綁，以作為氣動車的車身，並將完成的車身黏在二副車軸上。

(6) 取一根粗吸管，並將氣球套在粗吸管上，並以橡皮筋捆緊後，在以電氣膠帶纏繞二圈，以確保氣球不會漏氣（是否加繞電氣膠帶視個人決定）。

(7) 將綁有氣球的粗吸管放在車身的適當位置上，並以電氣膠帶固定，氣球務必能放在車軸的三角架上，以免氣球吹氣膨脹後，碰觸地板或卡到輪子，影響比賽結果。

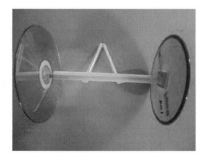

圖3　有三角架的車軸　　　　圖4　車身（左）及吹氣吸管（右）

圖5 氣球以三角車架支撐

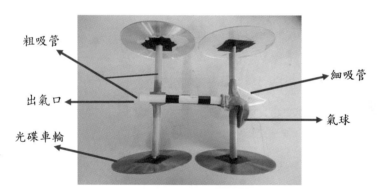

圖6 氣球火箭車完成圖

7. 學生依照設計圖及所提供的材料進行車子製作，並於完成後進行車輛測試，學生再依測試後的結果，進行小組討論並加以修正。

8. 競賽規則：

(1) 每人有二次發射的機會，全組可以使用同一台車或者不同台車發射。

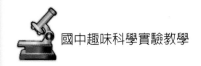

國中趣味科學實驗教學

(2) 比賽前，每台車先吹好氣球，放置在起跑線上，聽命令放開氣球前方的吸管，火箭車便會向前跑，在火箭車行進時不得以手動或吹氣等方式進行干擾，否則以棄權論。

(3) 待車子停止後，登記車子所在位置的分數。

(4) 每組共發射六次，將整組六次積分相加，各組車子行進總分數最高者為優勝。

(5) 車子未在規定範圍內發射者，不計分數；車子離地飄起（或翻車）者，則重新發射一次，若車子再次離地，則不予計分。

9. 計分方式

(1) 依六次總分排名次。

(2) 發射點距離中心5m，每圈寬20cm，共4圈，分數分別為9分、7分、5分、3分、1分，壓線則計算線上的分數，分別為8分、6分、4分、2分。

10.每組學生參與競賽後，教師可給予每組不同的意見，學生再依教師所給的建議，進行改造及修正。

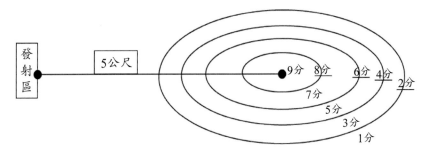

圖7　競賽場地圖（為了布置方便，目標區可以是圓形或方形）

圖8　學生進行車輛充氣

圖9　火箭車進到得分區內

（五）教師延伸思考：

　　學生對「氣球火箭車」的喜愛程度及控制程度遠勝於「跑跑卡丁車」，原因在於「跑跑卡丁車」常會遇到一些「技術」上的問題，包括：(1)製作程序繁雜，對於保特瓶的施工並不容易，特別是手作不靈巧的同學感到相當吃力，相形之下「氣球火箭車」的製作便容易得多，切割拼裝的部分少，學生易於上手；(2)「跑跑卡丁車」的動力源自於空氣與水噴出的反作用力，故水與空氣的比例、打氣的次數便是重要的因素，學生在短時間內對眾多變因的控制並不佳，比賽勝負往往有運氣的成分，會導致學生認為辛苦製作與調控未必能得到相對應的結果（短時間內），而「氣球火箭車」則比較簡單，只要控制氣球的出氣量則可達到目的，學生比較容易有成就感；(3)「跑跑卡丁車」靠氣壓差所產的動力較大，常有騰空飛起的問題，需要配重來增加其穩定性，對學生來說比較麻煩，而且配重的數量及配重位置需要不斷地調整，「氣球火箭車」因動力較小，則無需配重；(4)對老師而言，「跑跑卡丁車」要準備

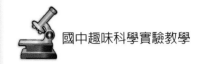

的材料工具較多，製作時間至少要花上二節課，再加上比賽時間一至二節課，爲了一個實驗要耽誤一週的課程進度，老師們大多不願意，而「氣球火箭車」的材料取得容易，製作時間加比賽時間在二節課內即可完成，老師們會比較願意嘗試新的教學方式。

就「作用力與反作用力」的教學目標而言，「氣球火箭車」提供了一個簡單而且容易操作的實驗選擇，也提高教師帶領學生做實驗的意願，學生可從趣味實驗中發現科學原理的應用性，而非一昧的背公式寫題目而已，透過實驗也可以讓學生檢視本身所學的知識是否正確，是否還有其他的因素會影響結果，增進學生思考批判的能力，如此才不會讓學生淪爲考試的機器、無動力的世代。

甩水杯、打玩偶、抽紙牌、抽紙鈔

（一）適用對象：國中九年級學生

（二）配合單元：力與運動—圓周運動、慣性定律

（三）課前引導：

　　「力與運動」的章節是讓學生相當頭痛的章節，除了牛頓三大運動定律之外，還要學圓周運動、轉動與力矩等，是內容相當多的單元，教到這個章節老師常會出現教學的無力感，除了牛頓的偉大著作對學生是天方夜談之外，加上該章節原理較抽象難以被觀察，又沒有實驗可以做，學生只能望文興嘆，剩下的只有算不完的計算題，故學生從小便對牛頓沒甚麼好感，這也怪不得學生，課本敘述簡略、但考題太複雜，使得學生難以理解與連接，譬如：牛頓第一運動定律：「當物體不受力或合力為零時，物體將維持原來的狀態」老師會進一步解釋：維持原來的狀態，就是靜止者會維持靜止，運動者則維持原有的運動狀態（不受外力者恆等速），學生就是會弄不清楚上述的那段文字跟「坐公車時公車緊急起動而向後倒」有何關係？

　　再者，等三大運動定律教完之後，又來個圓周運動，物體持續受力且受力方向與物體前進方向（運動軌跡）垂直時，物體呈圓

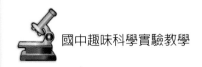

周運動，物體受此力稱爲向心力，此力所產生的加速度爲向心加速度。學生這下更不清楚了，不是說圓周運動是等速嗎（按：應是等速率）？怎麼有加速度呢？甩東西不是離心力嗎？怎麼會是向心力呢？圓周運動跟運動定律又有何關係呢？學生的疑問層出不窮，也說明課本想要表達的內涵與學生的認知有很大的落差，需要靠老師不斷地舉例解釋以建構學生完整的概念，然而老師的講解仍會有未盡之處，必須透過實驗增進學生對原理的體驗，故本文提供數個趣味實驗供作參考。

（四）教學步驟：

▶ 甩水杯

　一、原理：利用牛頓運動定律，物體持續受力方向與前進方向（運動軌跡）垂直時，物體呈圓周運動，透過繩子的拉力來呈現向心力，並使得物體維持穩定的運動。

　二、材料：鑽孔器、尼龍繩、花盆集水盤、紙杯等。

　三、製作方法：

　　1. 取圓形的花盆集水盤一個，分別在集水盤的三處打洞（以鑽孔器或熱鐵釘即可穿孔），三個洞各距離約120度角。

　　2. 三個洞處各穿上尼龍繩，並確實綁緊，三條尼龍繩會聚於集水盤中心點上方20cm處，並將三條繩子確實打結綁死，其中二條線材多餘部分剪掉，僅留一條線（長約40cm）做爲手提之用，即製作完成。

圖1　甩水杯實驗裝置圖

3. 取一紙杯裝八分滿的水，置於集水盤中央處，學生一手提著綁好尼龍繩的集水盤，並以手為圓心，以繩為半徑，用力甩動集水盤，觀察水杯的水是否溢出，水杯是否打翻。

4. 慢慢降低甩動速度至停止，觀察水杯是否容易打翻；突然停止甩動，觀察水杯是否容易打翻，水杯的移動方向為何？

圖3　學生縱向甩動水盤　　　圖4　學生橫向甩動水盤

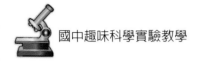

▶ 打玩偶

一、原理：利用牛頓第一、第二運動定律，假設無摩擦力的情況下，有一分成數等份的物體，當靜止物體受力時，物體受力的部分會移動（第二運動定律），而未受力的部分則維持原來的狀態（第一運動定律）。

二、材料：坊間木製玩偶一組

三、作法：

1. 取坊間木製玩偶一組，取出小木鎚，針對不同部位進行敲擊實驗。

圖5　打擊玩偶實驗裝置圖

2. 用小木鎚輕輕敲擊最底部的木塊，觀察被敲擊及未被敲擊的部分是否有移動，玩偶是否倒下？

3. 用小木鎚快速敲擊最底部的木塊，觀察被敲擊及未被敲擊的部分是否有移動，玩偶是否倒下？

4. 用小木鎚輕輕敲擊第二層的木塊，觀察被敲擊及未被敲擊

的部分是否有移動，玩偶是否倒下？同理，快速敲擊第二層的木塊，觀察結果異同之處。

圖6　打擊玩偶連續動作

5. 用小木鎚輕輕敲擊最上層（臉譜）的木塊，觀察被敲擊及未被敲擊的部分是否有移動，玩偶是否倒下？同理，快速敲擊最上層（臉譜）的木塊，觀察結果異同之處。

6. 趣味遊戲：每人以10秒為限，看誰能將玩偶由下而上依次打掉積木而不倒者為優勝，若同為優勝者則比較花費時間，花費時間最少者為勝。亦可指定打擊次序，依序如綠、黃、藍、紅、白，改變比賽規則，以增加其趣味性。

▶ 抽紙牌

一、原理：利用牛頓第一、第二運動定律，假設無摩擦力的情況下，將紙牌彈開將會使紙牌上的物質向下掉落而不隨紙牌移動。

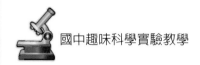

二、材料：紙牌一張、硬幣一枚、廣口瓶一個（可改用錐形瓶或
量筒，以提高難度）。

三、作法：

1. 取一張紙牌，將紙牌放置在廣口瓶上，紙牌上放置一枚硬
幣。

圖7　抽紙牌實驗裝置圖

2. 用手緩慢抽取紙牌，觀察紙牌上的硬幣是否移動？
3. 用手快速抽取紙牌，觀察紙牌上的硬幣是否移動？是否掉
落瓶內？
4. 用手指快速彈開紙牌，觀察紙牌上的硬幣是否移動？是否
掉落瓶內？
5. 請學生討論步驟1～4其中的差異性，並說明何者符合第一
運動定律？

圖8　抽紙牌連續動作

▶ 抽紙鈔

一、原理：利用牛頓第一定律，假設無摩擦力的情況下，以積木壓住紙鈔，學生試著以手將紙鈔抽出而不使積木倒塌，並觀察不同積木疊高方式下，紙鈔抽取的難易度。

二、材料：疊疊樂積木一盒、百元鈔一張（可用玩具紙鈔替代）。

三、作法：

1. 取長條積木一根，直立擺放於平面桌上，壓住百元鈔一張，請學生以手緩慢抽出百元鈔，並觀察長條積木是否移動或倒下。

2. 同上述步驟，請學生以手快速抽出百元鈔，並觀察長條積木是否移動或倒下。

3. 同步驟1，將長條積木改為二根直立疊起（或一直一橫方式），並於底部壓住百元鈔一張，請學生以快速及緩慢二種方式抽取鈔票，觀察結果異同之處。

圖9　積木一直一橫擺法　　　　圖10　積木一直一橫二層擺法

4. 將長條積木改為二根直立疊起，並於二根積木之間夾住百元鈔一張，請學生以快速及緩慢二種方式抽取鈔票，觀察結果異同之處。此外，並觀察夾住鈔票的位置不同是否會影響成功率？

圖11　積木三直擺法　　圖12　二根積木夾住　　圖13　鈔票二端皆被
　　　　　　　　　　　　　　　鈔票　　　　　　　　　夾住

5. 趣味遊戲：增加長條積木的數量及改變疊積木的方式，積木疊最多（底部壓住鈔票的底面積必須相同）而抽取鈔票不倒者為優勝。

圖14　抽鈔成功法一切鈔法

圖15　抽鈔成功法一貓抓法

（五）教師延伸思考：

　　「其實牛頓也沒這麼討厭！」、「如果課本也能那麼好玩，我想上課應該不會想睡了吧！」、「原來小時候的玩具（打玩偶）跟牛頓運動定律有關呀！」聽到這些聲音，不難了解學生對這四個實驗展現高度的興趣，也算是替牛頓平反了百年來的誤解，讓學生開始認真地認識這位偉大的科學家，也建立起較完整的運動學概念。這個實驗達到了以下目標：

　　(1)學生對牛頓第一運動定律有了比較清楚的概念。

　　(2)學生從實驗中「玩」出了樂趣，對該單元的課程也不會這麼排斥。

　　(3)學生從實驗中學會比較不同的因素（快／慢）對實驗結果

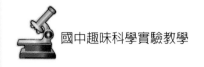

的影響。

(4)學生能夠了解牛頓運動定律在生活的應用。

回應前述學生所提出的疑問，學生問：「牛頓第一運動定律跟坐公車時公車緊急起動而向後倒有何關係？」在這些實驗中便可以清楚地解釋學生的疑惑，如果公車慢慢起動，你會感覺到向後傾嗎？當然不會，就如同抽牌實驗般，慢慢抽硬幣會跟著動；如果公車快速起動，你就會跟硬幣一樣跟不上公車的速度而停在原地（感覺向後是因為公車向前，而人的腳因摩擦力的關係而隨公車底部移動，但人的上半部卻少移動，而有向後傾的感覺，這跟打擊玩偶的實驗相類似），所以實驗中要比較「快速」作用力與「緩慢」作用力的差別，便是要以速度營造出慣性的結果，當然也可藉實驗表達科學現象通常參雜多種科學原理的複雜性。就如同甩水杯實驗，學生可能甩得很高興，但卻很難抽絲剝繭了解箇中的複雜性，正如學生的疑問：「甩東西不是離心力嗎？怎麼會是向心力呢？圓周運動跟運動定律又有何關係呢？」透過實驗學生可以看到代表「向心力」的尼龍繩，所以盤子才可以繞手作圓周運動，而水杯沒黏住為何不會在花盤中移動或打翻呢？那也多虧慣性及摩擦力的作用（離心力為虛擬力，國中教材並未提到，教師可自行斟酌是否解說），教師必須透過實驗中逐步分解問題，讓學生知道問題所在，如果學生想知道當向心力消失時，物體會向那個方向運動？教師只要叫學生把手中甩動花盤的手放開，答案不就顯現出來嗎？同理，如果老師想要知道學生可以學得多深、飛得多高，是否也應該適時的放開手中那條傳統教學的繩子？

紙橋承重

（一）適用對象：國中九年級學生

（二）配合單元：力與運動、功與能—轉動與力矩

（三）課前引導：

在國中第五冊的理化課程中，教完了「牛頓三大運動定律」，接著又出現了「轉動與力矩」，許多學生的心中一直存在著疑問：「轉動為何要接在『牛頓三大運動定律』後面講授，二者之間有關連性嗎？」的確，在國中的課程中，物體受力的結果不外乎直線運動或圓周（曲線）運動，但現實生活卻並非如此，生活中還有「轉動」的存在，轉動便牽涉到「力矩」，即使靜止的物體它可能存在著「靜力平衡」或「轉動平衡」，才使它維持不動，正如同學生使用「天平」秤物體質量時，除了二端的物重達到「靜力平衡」之外，它之所以擺動幅度一樣至最後不動，也是因為「轉動平衡」，紙橋承重這個實驗便是引用天平的概念，讓學生用A4紙做一座橋（橋面），再將硬幣置於橋面上，看誰做的橋可以承受最多的硬幣，當然橋面的結構是影響因素，更重要的是學生要學會利用「靜力平衡」及「轉動平衡」才能創造最大的可能性。

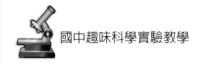
（四）教學步驟：

一、原理：利用不同樣式紙的構造、形狀，來增加其承受壓力，並運用靜力平衡與轉動平衡的原理來置放重物，使橋能達到最大承載量。

二、材料：70磅影印紙A4一張、積木2個（當橋墩）、直尺一支（30cm）、筆、墊片華司（3/4）。

三、製作方法：

1. 取一張影印紙摺出適當的橋面狀（各組自行設計，沒有標準答案，不限寬度及長度），但影印紙不可剪裁、不可包裹橋墩。

2. 取積木2個作為橋墩（橋墩尺寸大小 = 1.7cm×1.7cm×7cm），二個積木直立間距15cm，並將直尺靠著積木擺放，做為評分標準。

3. 紙橋完成後擺放至橋墩上。

4. 老師準備華司（一個墊片約9克）一盒，由學生擺放至紙橋上。

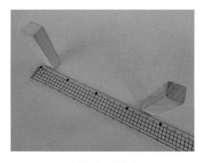
圖1　二個積木橋墩相距15cm

圖2　紙橋完成放至橋墩上

5. 學生將墊片一個接一個放置於紙橋上任何位置（不能放在橋墩上方的紙面上），組員輪流擺放墊片（每次只能放一枚），墊片放置間隔三秒鐘，以確定不會壓垮紙橋碰觸桌面，添加墊片的過程當中若有掉落也算是橋垮。

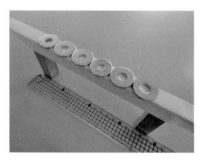

圖3　墊片可放在橋上任何位置

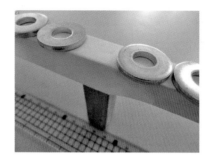

圖4　橋墩上方的紙面不得放墊片

6. 擺放墊片後不可調整其他墊片，承載墊片數量的計算以紙橋碰觸桌面或橋垮的前一次數量為主。

7. 依承載墊片數量最多者依序排名，承載量最大者為優勝。

圖5　越靠近橋墩能放的越多

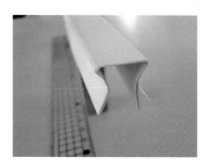

圖6　紙橋的摺法類似鐵軌形狀

圖7　墊片的置放方式及放置順序也會影響結果，要善用力矩的概念

（五）教師延伸思考：

　　學生在開始製作紙橋時會產生很大的困惑，不知道要從何下手，致使許多學生會呆坐在位置上不知所措，教師可先在實驗前播放網路上的影片「紙張力大無窮的秘密」（流言追追追節目：https://www.youtube.com/watch?v=5Sed_i4B9yc），讓學生了解紙張該如何摺會增強紙的強度，再讓學生進行紙橋製作，學生便可很快地進入狀況，也在短時間內把紙摺好，接著學生面臨另一種考驗：「該怎麼把橋放好呢？墊片該怎麼疊呢？」此時，教師必須導入「靜力平衡」及「轉動平衡」的概念，先導引學生思考「該集中放？還是分散放？」「天平或蹺蹺板要平衡該怎麼做呢？」再導引學生試著推算順時針與逆時針的力矩應該要相等，如此學生便能依循科學原理進行實驗，而不會淪為亂玩一通不知所謂何來的窘境，這也是競賽型實驗最容易出現的問題，不過仍有以下現象值得討論與改進：（一）紙張摺法的因素對實驗的影響不如靜力平衡及轉動平衡等力學因素來得重要，或許學生的摺法並不佳（或與教學影片

不同），但是能疊個數仍相當多，這是值得探討之處；（二）成績好的學生在操作的表現上不如預期，在這種強調科學原理重要性的實驗中，成績好的學生並沒能表現出領導該組實驗進行的狀況，反倒是有些操作型的學生表現出獨特的創意，或許我們該思考現今的教學方式是否讓我們的好學生只學會解答考卷上的題目，卻不太會解決生活中的經驗題，由此可知，實驗教學有其重要性及不可取代性，值得吾人深思。

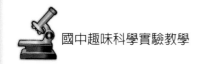

釘孤支

（一）適用對象：國中九年級學生

（二）配合單元：功與能─轉動與力矩

（三）課前引導：

在「轉動與力矩」章節中，文字敘述相當簡單扼要，在槓桿原理的描述上：「**只有在轉軸二邊的力矩大小相等時，即合力矩等於0，槓桿才能維持水平平衡，不再轉動，此時可稱槓桿處於轉動平衡。此規則稱為槓桿原理：當槓桿維持靜止平衡時，其所受順時針方向的力矩大小，必等於所受逆時針方向的力矩大小**」，鮮少學生一看就懂，於是課本設計了一個槓桿原理的實驗，學生可以透過槓桿實驗學會力矩的計算，但是課本的實驗總是不太能夠引起多數學生的學習樂趣，簡單的槓桿小學就學過了，複雜的槓桿又牽涉到數學能力，況且學生不認為槓桿原理可以用在生活之中（除了蹺蹺板之外），也不覺得生活中有力矩的產生，於是本文在課本的槓桿原理教學之前，先設計一個趣味的小實驗，做為課前的開胃菜，目的在於先引起學生的學習動機與興趣，進而帶領學生進入課本的槓桿原理之中。

（四）教學步驟：

一、原理：利用鐵釘不同的擺放方式，並運用靜力平衡與轉動平衡的原理，讓鐵釘達到能靜止不動的最大承載數。

二、材料：四吋鐵釘1支、三吋鐵釘10支、泡棉地墊數塊。

三、作法：

1. 先將泡棉地墊切成8cm×8cm的正方形數塊，做為固定釘子用。

2. 將四吋鐵釘插在方形泡棉地墊上（地墊較易取得，但較不穩定，為求穩定可一次使用二塊地墊，或亦可以改用木塊）。

圖1　鐵釘插在方形泡棉地墊

3. 先將一根三吋鐵釘放在桌上，再將其他三吋鐵釘左右交叉排列在那根鐵釘上，並讓交叉排列鐵釘的釘頭朝向中間鐵釘處（如圖2）。

4. 再將一根三吋鐵釘壓在交叉排列鐵釘上，並與下方的那一

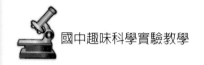
根鐵釘頭尾相反（如圖3）。

圖2　鐵釘擺放法

圖3　上、下方的鐵釘頭尾相反

5. 以手抓著頭尾相反的中間二根鐵釘的二端，水平舉起，你
   會發現八根鐵釘會呈傾斜交叉排列，並慢慢地將十根鐵釘
   置中放置在四吋鐵釘的釘頭上。

6. 緩慢地放開抓住鐵釘二端的手，你會發現上下二根橫向的
   鐵釘會緩慢地旋轉滑落，旋轉一個角度後便會被八根釘頭
   卡住，呈現平衡狀態（如圖4）。

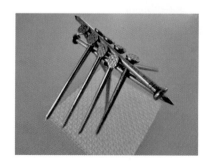
圖4　鐵釘的靜力平衡

圖5　鐵釘頭交叉卡在鐵釘上

（五）教師延伸思考：

　　教師發給每位學生釘子及軟墊，要求學生把長釘釘在軟墊上，並將其他釘子放在長釘上時，學生充滿不可置信的表情，直呼：「不可能啦！老師騙人！」的確，乍看之下是個不可能的任務，但學生抱持著懷疑的態度，仍嘗試著化不可能為可能，起初學生最多放上二根釘子就很了不起了，很快地就有一票學生放棄了，這個時候老師必須給予提示，讓學生有再動手操作的意願，教師提示學生擺法與「古時候的建築有關，譬如傳統房屋的樑柱為何利用卡榫就可以把它蓋好呢？」諸如此類的思考方向，部分學生聽到老師的提示後便靈光乍現，以釘子的形狀（釘頭大、釘尾尖）來製造卡榫的效果，經過一段時間的努力，終於有少部分同學完成正確的排法，「可是怎麼放在釘子上？會不會垮呀？」這是同學們的疑慮，即使排法正確很多同學一開始還是放上去就垮下來，最大的原因是同學發現放上去後上下二根橫向的鐵釘會微微旋轉，怕它不平衡而去調整它，結果適得其反，經過老師的說明後，學生懂得放手才完成「一釘舉十釘」的創舉。這個實驗很簡單，花費的時間也不多，卻可以讓學生學習力的平衡、槓桿原理、重心理論（課堂時間允許可以多做說明），體會古時後的建築技法、走鋼索特技的原理等等，此外學生也能從實驗中得到「玩遊戲」的樂趣（學生的想像力超過教師的想像，許多學生並沒有按照上述的方法，照樣擺出不同的模式，建議老師不需要教太多的細節，學會把時間留給學生，必然有出其不意的結果發生），可作為老師在艱深的力學課程中的一帖調味劑。

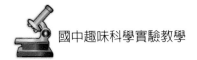

圖6　學生的創意擺法(1)

圖7　學生的創意擺法(2)

電壓實驗

（一）適用對象：國中九年級學生

（二）配合單元：電壓與電流

（三）課前引導：

　　「電學」單元是學生公認難度極高的單元，許多優秀的學生只要碰到電學就會出現腦筋打結的狀況，加上教科書對於對「電」的說明太過簡略，通常一個章節只用2～3頁就帶過，重要的觀念或公式通常用一段文字描述，加上國中學生本身的先備知識薄弱，顯然這些內容很難引起學生的共鳴。

　　在課本中，「電壓」原理描述如下：「**讓我們藉水流的現象，說明電路中電子流動的情形，要使電子在導線中流動，必須在導線兩點間由電池提供一電位差，電子才能流動，並使電器（如燈泡）發生作用。這情形就如同將水由低水位水箱移至高水位水箱，必須靠幫浦提供能量，使水具有水位差，水才能向下流動，並使渦輪發生轉動（下圖）**」。該單元僅以少部分的文字敘述，故需要教師設計能逐一釐清概念的單元實驗，再以分組學習的方式進行教學。

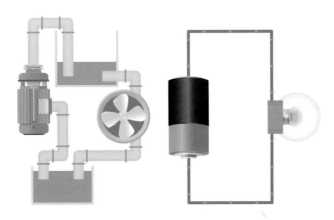

圖1　幫浦提供水位差如同電池提供電位差

（自然與生活科技教科書）

（四）教學步驟：

　　由於課本中的電壓測量實驗過於簡單，常會發生的問題包括：(1)無法觀察比較燈泡串聯與並聯時電壓的差異，(2)無法同時比較電池數目對電壓的影響，(3)無法比較燈泡數與電池數同時改變時，電壓的差異，(4)學生無法學會預測任一組電路上任一元件上的電壓。故本文設計實驗如下，可作為合作學習教學之用：

　　1. 先將學生進行異質性分組，分成6組，每組5人。

　　2. 每組發電池盒1個、電池2個、鱷魚夾線16條、燈泡、燈泡座各2個、電壓計1台及學習單一張。

　　3. 首先，先教導學生使用電壓計，電壓計的使用原則包括：

　　　a. 電壓計與電路並聯。

　　　b. 電壓計正極接電源正極，電壓計負極接電源負極、指針順向轉。

c. 由大範圍電壓測至小範圍電壓（30V → 15V → 3V）。

4. 請學生利用先前學會的電路知識。先組出由1個燈泡、1個電池組成的電路，並使用電壓計以並聯的方式測量出「燈泡」及「電池」的電壓，並與同學討論二者電壓是否相同？為什麼？

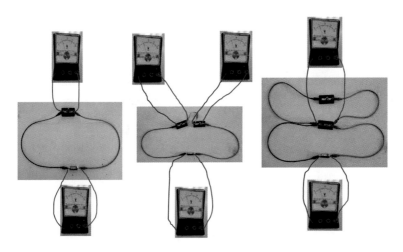

圖2　單顆電池的電路與電壓計接法（1個燈泡、2個燈泡串聯、2個燈泡並聯）

5. 再由同學組出由1個燈泡、2個電池組成的電路，並使用電壓計以並聯的方式測量出「燈泡」及「電池」的電壓，並與同學討論二者電壓是否相同？再與步驟4中的電壓值比較是否倍增？原因為何？

6. 同上法，請同學組出由2個燈泡、1個電池組成的「串聯電路」，並使用電壓計以並聯的方式測量出「燈泡1」、「燈

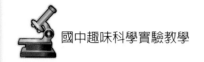

泡2」及「電池」的電壓,並與同學討論「燈泡1」、「燈泡2」、「電池」電壓之間的關係。

7. 同理,請同學組出由2個燈泡、2個電池組成的「串聯電路」,並量測與討論「燈泡1」、「燈泡2」、「電池」電壓之間的關係,以及討論與步驟6中的電壓值比較是否倍增(圖2)。

8. 依步驟6~7組成「並聯電路」,並比較之(圖3)。

9. 請學生互相討論並完成工作單上的內容,等各小組完成後,教師會從各組中抽一名學生,描述該組觀察到什麼現象(燈泡串聯與並聯電路,何種組法燈泡較亮,與測量到的電壓有關嗎?)。

　　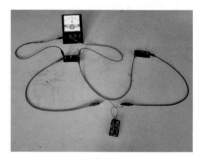

圖3　並聯電壓測量　　　　　　　圖4　串聯電壓測量

(五)教師延伸思考:

在原本的「電壓與電流」章節中,學生對原教科書上的「電壓」單元有以下的學習困難:(1)看不懂該單元的文字敘述及原

理。(2)不知道作此實驗的目的，與實驗要表達的內涵為何。(3)不知如何回答課本單元中的相關問題。(4)不熟悉電壓計的操作方法。透過「電壓測量實驗」後，學生至少學會三件事：(1)學會使用電壓計及看得懂電壓計的數據意義、(2)能了解電壓計必須透過並聯才能使用（直接量電池電壓亦可）、(3)知道什麼是「電壓」。對教師而言，課程目標已完成大半，對學生而言，學會了一樣新儀器，當學生學會使用電壓計後，便迫不及待地想去印證生活中的電壓是否如標示一樣，從乾電池到車用電池玩得不亦樂乎。但是在「電壓測量實驗」過程中，仍有許多學生對於：「並聯時，各分電電壓相同」，仍抱持相當大疑問，「電荷走其中一條的線路會產生電壓，另一條當然就沒有電壓呀？」這是很多學生繆誤的看法，卻也道出許多學生對電學的迷思。

　　針對上述部分，建議先使用「類比式」教學，於實驗前先將「電壓」的相關概念以類比法（楊明獻，2010；如下文，請自行參考），詳細闡述一遍，讓學生先建立粗略的電學概念，再進行上述的「電壓測量實驗」，將實驗學習單的內容簡化，將不必要的文字去除，僅以圖像（電路圖）要求學生量測相關電壓，並設定不同的電路條件，讓學生比較不同條件下，電壓的差異，並透過同學間討論讓學生從學習單中找出「規則」，如此探究式的實驗教學有利於學生自行建立完整的電學概念，讓學生更易於觀察及歸納結果。

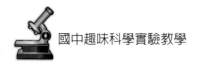
電壓實驗學習單

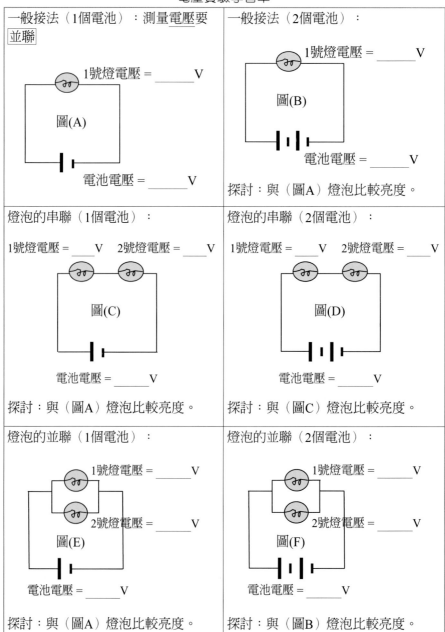

一般接法（1個電池）：測量電壓要 並聯

1號燈電壓 = ＿＿＿ V

圖(A)

電池電壓 = ＿＿＿ V

一般接法（2個電池）：

1號燈電壓 = ＿＿＿ V

圖(B)

電池電壓 = ＿＿＿ V

探討：與（圖A）燈泡比較亮度。

燈泡的串聯（1個電池）：

1號燈電壓 = ＿＿ V　2號燈電壓 = ＿＿ V

圖(C)

電池電壓 = ＿＿＿ V

探討：與（圖A）燈泡比較亮度。

燈泡的串聯（2個電池）：

1號燈電壓 = ＿＿ V　2號燈電壓 = ＿＿ V

圖(D)

電池電壓 = ＿＿＿ V

探討：與（圖C）燈泡比較亮度。

燈泡的並聯（1個電池）：

1號燈電壓 = ＿＿＿ V

2號燈電壓 = ＿＿＿ V

圖(E)

電池電壓 = ＿＿＿ V

探討：與（圖A）燈泡比較亮度。

燈泡的並聯（2個電池）：

1號燈電壓 = ＿＿＿ V

2號燈電壓 = ＿＿＿ V

圖(F)

電池電壓 = ＿＿＿ V

探討：與（圖B）燈泡比較亮度。

「電壓」、「電流」、「電阻」相關概念的類比教學法

學生通常對於「電」、「電流」、「電壓」、「電能」等概念之間的區別與關連相當地困惑。對於「電」這個名詞而言，它是一個相當含糊的字，甚至於教科書或教師平時的教學都會忽略這些概念間的區別。學生閱讀課本的文字敘述及圖片後，所了解的內容極為有限，程度較佳的學生或許只能夠把以上的文字硬背起來，至於能不能了解以上文字的科學涵義，又另當別論；程度差的學生的狀況就更糟糕了，連翻開書本的意願都沒有，這樣的現象，不能全然歸罪於學生不知上進，教師有責任把教材的內容轉換成「學生的語言」，或以「類比」的方式將科學的原理轉換成與學生生活相關性較高的現象。茲舉「電壓」與「電流」原理為例：

將「電流（或電荷）」當成「人」，代表電荷是原本就存在電路中的，並不會消失（或損耗）；將「電壓」當成「錢」，代表驅動力（錢）可以隨著電荷在電路中流動而消耗；電荷因有電壓而流動，形成電流，就如同人因有錢而能生活移動；將「電源」當成「家」，代表每個人從家庭中獲得驅動源（電壓）（錢）；將「電燈（電阻）」當成「商店」，代表每個人願意花費或消耗錢的地方，電路的形成就如同每個人從家中（電源）帶錢（電壓）出發去消費，每個人經過電路上的商店（燈泡）時，每個人便會把錢（電壓）在商店花完，離開商店時已所剩無幾，電荷（電流）便會從商店再返回家中（電源）補充一錢（電壓），然後再繼續外出消費，週而復始，直到「錢（電壓）」耗完為止。學生經過這樣的類比思考，不需背誦就能了解電壓與電流的原理，更能建立學生的觀念，以了解形成電流的原因與電壓有很大關連性。

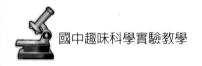

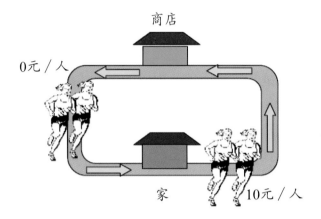

圖1　電路類比示意圖

類比法：
(1) 電流（荷）→ 人—代表電荷不會消耗
(2) 電壓 → 錢（元）—代表驅動力可以消耗
(3) 電燈（電阻）→ 商店—代表花錢的地方
(4) 電源 → 家—代表獲得驅動力（錢）的地方

把它換成「電路圖」來看：

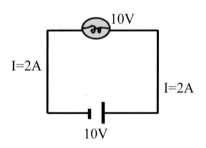

圖2　將類比圖轉換成電路圖

解說：

　　每小時2人（2A）外出消費，每個人從電源帶錢（10V）出發，每個人經過電路上的商店（燈泡）時，每個人便幾乎把錢（10V）在商店花完，離開商店時已所剩無幾（0V），電荷或電流（2A）便會從商店再返回家中（電源）補充驅動力—錢（10V），然後再繼續外出消費，週而復始。

　　將上述的教材內容改進並教學後發現，學生對於「電壓與電流」的類比例子印象深刻，超過半數以上的學生表示能夠了解電壓與電流的意涵，再經過些許修正後再次進行教學，學生皆能正確地回答各類電壓與電流的題目，大部分學生從此不需要強記「電壓」、「電流」的意義，就能夠清楚地應付任何題目。多數的學生死背課本的文字敘述，雖然一時可記起來，但久而久之便會忘記，如果能夠以理解的方式記憶，可以記得比較清楚。

※本文摘錄自：

　　楊明獻（2010）改進國中理化課程教學—以「電壓與電流」單元為例。科學教育月刊，328期，29-44。

電流實驗

（一）適用對象：國中九年級學生

（二）配合單元：電壓與電流

（三）課前引導：

　　「電流」一個令人困惑的字眼，學生不禁會問：「不就是電嗎？幹麻分電壓與電流，有什麼差嗎？」學生對於電流與電壓之間的區分感到困難，並且認為電壓與電流具有相同的性質，他們無法區分電壓與電流之間的差異。學生對於電壓與電流感到困惑，是因為他們認為電壓與電流是相似的，這主要是基於電壓總是正比於電流的相關性所導致。

　　課本對「電流」原理描述如下：「金屬導線中電子因為電池提供電位差而流動，方向是從電池負極經外導線到正極，這樣的流動稱之為電子流，不同於一般習慣上使用的電流一詞。所謂電流是指正電荷的流動，和電子流正好相反，因為當初科學家以為是正電荷由電池正極經外導線至負極的流動。雖然電流和電子流的方向不同，但

對於電路所產生的作用，**兩者都能加以解釋。」**（自然與生活科技
課本）

　　課本的文字並沒有去區分電壓與電流的差異性，只是闡述電流
的性質，事實上學生通常對於「電」、「電流」、「電壓」、「電
能」等概念之間的區別與關連相當地困惑。由於學生對於電學相關
術語的誤解，導致他們會擁有許多迷思概念。本文提供一個簡單且
具有系統性的電流實驗，學生依循學習單的軌跡進行實驗探索，學
生便可從實驗中找出「規則」，自然可建立一個完整的電流概念。

（四）教學步驟：

　　本單元「電流測量實驗」與「電壓測量實驗」類似，是為了
解決當燈泡數與電池數同時改變時，學生無法比較電流所產生的差
異，而進行改編的實驗單元，其實驗流程設計如下：

1. 先將學生進行異質性分組，分成6組，每組5人。

2. 每組發電池盒1個、電池2個、鱷魚夾線16條、燈泡座2個
   （含燈泡）、電流計1台及學習單一張。

3. 首先先教導學生使用電流計，電流計的使用原則包括：

   a. 電流計與電路串聯。

   b. 電流計正極接電源正極，電流計負極接電源負極、指針
      順向轉。

   c. 由大範圍電壓測至小範圍電流。（5A → 500mA →
      50mA）

4. 請學生利用先前學會的電路知識。先組出由1個燈泡、1個
   電池組成的電路，並使用電流計以串聯的方式測量出流經

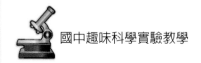
「燈泡」及「電池」的電流,並與同學討論二者電流是否
相同?為什麼?

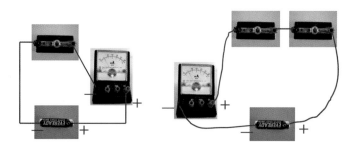

圖1　單顆電池的電路與電流計接法（1個燈泡、2個燈泡串聯的總電流）

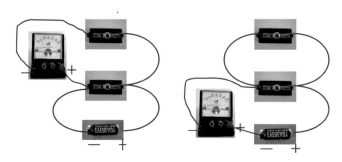

圖2　單顆電池的電路與電流計接法（2個燈泡並聯的分電流與總電流）

5. 再由同學組出由1個燈泡、2個電池組成的電路,並使用
電流計以串聯的方式測量出流經「燈泡」及「電池」的電
流,並與同學討論二者電流是否相同?再與步驟4中的「燈
泡」及「電池」電流值比較是否倍增?原因為何?

6. 同上法，請同學組出由2個燈泡、1個電池組成的「串聯電路」，並使用電流計以串聯的方式測量出「燈泡1」、「燈泡2」及「電池」的電流，並與同學討論「燈泡1」、「燈泡2」、「電池」電流之間的關係。

7. 同理，請同學組出由2個燈泡、2個電池組成的「串聯電路」，並量測與討論「燈泡1」、「燈泡2」、「電池」電流之間的關係，以及討論與步驟6中的電流值比較是否倍增（圖3）。

8. 依步驟6～7組成「並聯電路」，並比較之（圖4）。

9. 請學生互相討論並完成工作單上的內容，等各小組完成後，教師會從各組中抽一名學生，描述該組觀察到什麼現象（(1)燈泡串聯與並聯電路，何種組法燈泡較亮，何種組法的總電流較大，與量測到的電流有關嗎？(2)單顆燈泡、串聯燈泡、並聯燈泡的每個燈泡分電流何者較大？）。

圖3　並聯電流測量

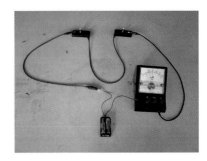

圖4　串聯電流測量

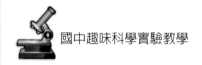

（五）教師延伸思考：

　　「電流」的確是個很困難的單元，相信大多數的學生都說不出來「電流」的定義，也搞不清楚「電壓」與「電流」的差異性為何，更別說將「電壓」與「電流」概念套用在題目上，無怪乎名列國中生最痛恨的章節之一。本文的「電流測量實驗」讓學生對電流有基本的瞭解，但在實驗操作上仍吃足苦頭，雖然前面已做過電壓的測量實驗，畢竟電壓計是並聯不用拆線路，然而電流計必須串聯，拆開電路重新接上電流計是免不了的，單一燈炮學生還應付得來，等到測量串聯、並聯燈炮的電流時，可就亂成一團了，對於空間概念不佳的學生可是一大折磨，建議老師可把學習單上串聯、並聯燈炮與電流計接法做成動畫投影片，當學生不會接線時，可至講台打開投影片播放給全組同學看，讓同組學生能夠合力把它組合起來，如果單靠教師一人應付，恐怕疲於奔命，不會的組別只能瞎子摸象，拼出一個連自己都不懂的電路圖。

　　儘管電流的實驗很辛苦，但能夠完成的學生對該章節的概念必定具備一定的雛型。在學習成效較佳的學生方面，大多已掌握近九成的學習內涵及進度，並能夠提供其他學生一定程度的諮詢協助；對於中等程度的學生，經過此次的教學已能學習到半數以上的課程內容，並能夠參與討論；至於學習成效較差的學生方面，或多或少學習到一些基本知識，這對低學習成就的學生算是向前邁進了一步。

電流實驗學習單

一般接法（1個電池）：測量電流要 串聯	一般接法（2個電池）：
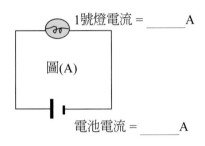1號燈電流 = _____ A 圖(A) 電池電流 = _____ A	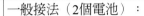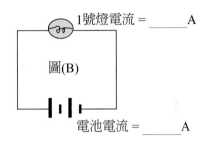1號燈電流 = _____ A 圖(B) 電池電流 = _____ A 探討：與（圖A）燈泡比較亮度。
燈泡的串聯（1個電池）：	燈泡的串聯（2個電池）：
1號燈電流 = ___ A 2號燈電流 = ___ A 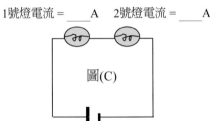圖(C) 電池電流（總電流）= ___ A 探討：與（圖A）燈泡比較亮度。	1號燈電流 = ___ A 2號燈電流 = ___ A 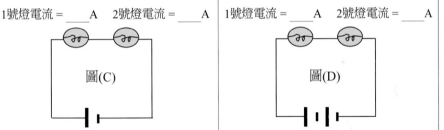圖(D) 電池電流（總電流）= ___ A 探討：與（圖C）燈泡比較亮度。
燈泡的並聯（1個電池）：	燈泡的並聯（2個電池）：
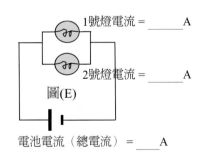1號燈電流 = _____ A 2號燈電流 = _____ A 圖(E) 電池電流（總電流）= ___ A 探討：與（圖A）燈泡比較亮度。	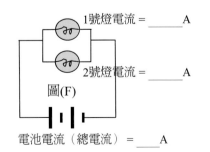1號燈電流 = _____ A 2號燈電流 = _____ A 圖(F) 電池電流（總電流）= ___ A 探討：與（圖B）燈泡比較亮度。

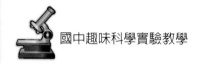

電阻實驗

（一）適用對象：國中九年級學生

（二）配合單元：電壓與電流—電阻與歐姆定律

（三）課前引導：

　　電學單元在教完「電壓與電流」之後，便會進入「電阻及歐姆定律」的章節，此單元是整合前面二個子單元的概念，並延伸出來的新概念，如果對電壓及電流的觀念不清楚的話，很容易在電阻單元陷入學習困境，教師應先強化電壓、電流、電阻三者的類比學習（詳見前一單元「電壓」），學生在經過這樣的類比思考後，已能了解電壓、電流、電阻三者的關聯性，但是什麼是歐姆定律？歐姆定律：「電壓與電流成正比，且二者間的比值為定值」的概念卻常常被學生所遺忘，永遠搞不清楚是V/I還是I/V，而且生活中的物質都符合歐姆定律？許多學生都會如此認為，課本的題目也大多符合歐姆定律，殊不知真實狀況卻不一定如此，電阻真的是定值嗎？什麼因素會影響電阻大小？如何讓學生透過實驗驗證歐姆定律的真實性，並了解各物質電阻在不同電壓下的狀況，便是本實驗著重的課題。

（四）教學步驟：

一、目的：了解不同物質在不同電壓下的電阻值，並判斷該物質是否符合歐姆定律。

二、**實驗材料**：電池三顆、燈泡一顆、LED燈一顆、燈泡座一組、電阻條一根、鉛筆數支（粗細長短各不同）、電線（含鱷魚夾）、伏特計、安培計等。

三、**實驗步驟**：

1. 先將學生進行異質性分組，分成6組，每組5人。

2. 每組發電池3個、鱷魚夾線16條、燈泡座1個（含燈泡）、電阻條一根、鉛筆數支、LED燈、伏特計1台、安培計1台、及學習單一張。

3. 請學生利用先前學會的電路知識。先組出由1個燈泡、1個電池組成的電路，並接上伏特計（並聯）及安培計（串聯），測量出流經「燈泡」的電壓及電流，並與同學討論並計算出二者的比值（即電阻），並記錄在學習單上。

4. 再請同學組出由1個燈泡、2個電池組成的電路，並接上伏特計及安培計，測量出流經「燈泡」的電壓及電流，計算出二者的比值（即電阻），並記錄在學習單上，比較與步驟3的結果，電壓與電流是否成正比？電阻值是否成定值呢？

5. 同上法，將電池改為3個，測量出流經「燈泡」的電壓及電流，計算出二者的比值（即電阻），並與同學討論步驟3～

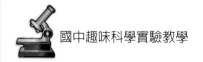

5的數據結果，電壓與電流是否成正比？燈炮是否符合歐姆定律。

 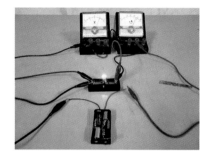

圖1 測量燈泡的電壓與電流（1個 　　 圖2 測量燈泡的電壓與電流（2個
電池） 　　　　　　　　　　　　　　電池）

6. 將燈泡更換成電阻條。組出由1個電阻條、1個電池組成的
   電路，並接上伏特計（並聯）及安培計（串聯），測量出
   流經「電阻條」的電壓及電流，並與同學討論並計算出二
   者的比值（即電阻），並記錄在學習單上。

7. 再請同學組出由1個電阻條、2個電池組成的電路，並接上
   伏特計及安培計，測量出流經「電阻條」的電壓及電流，
   計算出二者的比值（即電阻），並記錄在學習單上；再將
   電池改為3個，測量出流經「電阻條」的電壓及電流，計
   算出二者的比值（即電阻），並與同學討論步驟6～7的數
   據結果，電壓與電流是否成正比？電阻條是否符合歐姆定
   律。

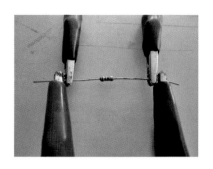

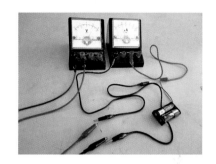

圖3　電阻條　　　　　　圖4　測量電阻條的電壓與電流

8. 將燈泡更換成鉛筆（自動筆筆芯亦可），組出由1支鉛筆
   （鱷魚夾必須夾在鉛筆的二端，鉛筆二端要削尖）、1個
   電池組成的電路，並接上伏特計（並聯）及安培計（串
   聯），測量出流經「鉛筆」的電壓及電流，並與同學討論
   並計算出二者的比值（即電阻），並記錄在學習單上。

9. 再請同學組出由1支鉛筆、2個電池組成的電路，並接上伏
   特計及安培計，測量出流經「鉛筆」的電壓及電流，計算
   出二者的比值（即電阻），並記錄在學習單上；再將電池
   改為3個，測量出流經「鉛筆」的電壓及電流，計算出二者
   的比值（即電阻），並與同學討論步驟8～9的數據結果，
   電壓與電流是否成正比？鉛筆是否符合歐姆定律。

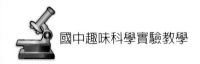
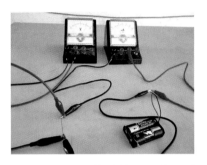

圖5　測量自動筆芯的電壓與電流

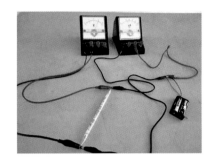

圖6　測量鉛筆的電壓與電流

10.試著換成較粗的鉛筆（長度不變），觀察電壓、電流值是否改變？電阻值是否改變呢？

11.試著換成較短的鉛筆（粗細不變），觀察電壓、電流值是否改變？電阻值是否改變呢？

12.可試著換成大粒的LED燈作實驗，測量LED燈的電壓及電流，計算出二者的比值（即電阻），由於LED燈至少要二個1.5V電池才能啟動，建議電池改用2個、3個、4個進行實驗，特別注意電壓超過3.8V後，LED燈比較容易燒毀，故實驗測量時間不宜過長。

13.請學生互相討論並完成工作單上的內容，等各小組完成後，教師會從各組中抽一名學生，描述該組觀察到什麼現象（1.電阻值的計算方式？2.電阻值是否會改變？3.這幾種物質皆符合歐姆定律嗎？）。

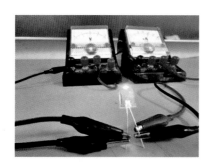

圖7　接LED燈時要注意正（長腳）、負極

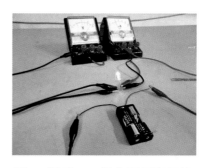

圖8　測量LED燈的電壓與電流

（五）教師延伸思考：

　　透過電阻的實驗教學，學生大多能了解電壓越大，電流跟著增大，且電阻值為電壓與電流的比值，但學生卻也產生困惑：「電壓與電流並沒有成正比呀！而且電阻值也沒有固定。」「電壓與電流的直角座標圖並沒有呈直線呀！怎麼跟課本教的不一樣呢？」的確，從實驗中學生不會得到直線的圖形，也不會得到固定的比值，原因在於「溫度」這項因素，課本中提到：「溫度會影響電阻的大小，當在相同溫度下，電阻才會是定值」，所以學生在做燈泡電阻量測時，因為電壓增加使得電流加大而使得溫度升高，鎢絲的電阻便隨溫度變大而增加，故會得到電阻值不固定的實驗結果。老師可以透過實驗讓學生辨證課本與實際狀況的差異，並提出溫度的變因讓學生思考（燈絲的電阻值是隨著電壓增加而增大？還是隨著溫度的上升而增加？），生活之中的電阻真的都是歐姆電阻嗎？教師亦可以深入解釋「理想電阻」的狀況，世界上的電阻絕大多數為非理想電阻，圖形也多為非直線，而實際上我們的「理想電阻」只適用

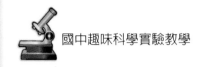

於某元件其電阻值曲線近似直線的特定範圍內（可查「電阻-溫度係數曲線圖」），而非所有的狀況皆適用。

　　此外，學生在做「鉛筆電阻」實驗時，教師指導學生夾不同長度、粗細的鉛筆，觀察其電阻的變化，學生可從實驗中發現電阻長度、截面積與會影響電阻的大小，也印證課本中提到：「電阻長度越長，電阻值越大；截面積越小，電阻值越大」的結果，如果學生有自動鉛筆筆芯的話，教師亦可要求學生比較自動鉛筆筆芯與鉛筆電阻值大小的差異，以驗證「電阻截面積越大，電阻值越小」的結果。如果將筆芯換成LED燈時，更可印證「電壓與電流未必成正比」的結果，課本中所說的「非歐姆電阻」在生活中的應用極廣，卻很少被探討，課本也不會拿它做實驗，因為它的限制性很多，實驗的控制上並不容易，讓學生測LED燈的電阻，目的倒不是要求做出一個正確的值，而是想讓學生多一點不一樣的想法而已，不要被課本所侷限。

　　相信學生學完電阻實驗後，一定會將電學學得扎實，很多學生之所以害怕電學單元，原因在於艱澀的理論用詞、複雜的計算、難以觀察的科學現象…等，這些因素都可以透過課程的設計與教學方式的改變，使高深的科學與學生的距離逐漸拉近。

人體電池、果凍電池

（一）適用對象：國中九年級學生

（二）配合單元：電與生活—電池

（三）課前引導：

　　國三下學期唯二的理化單元—「電與生活」，開始進入了電化學的世界，該章節除了介紹電流的熱效應之外，課程的重點多集中在電池的原理、電鍍與電解、家庭用電等，其中電池的介紹是學生感到很新奇的單元，主要是因為電池是學生經常接觸的東西，電池是怎麼裝「電」？電池裡面竟然一點「電」也沒有，反倒只有一堆化學物質，光靠這些化學物質進行化學反應就可以產生「電」，對學生來說真的太有趣了。可是，學生看完課本後常會有以下問題：

（一）伏打電池怎麼沒有大量的電解液，這樣會有電子流動嗎？

（二）鋅銅電池一定要裝鹽橋嗎？（三）為何我們的乾電池沒有液體？（四）金屬片只能用鋅和銅嗎？課本中的鋅銅電池實驗未必能解決學生所有的疑惑，加上該實驗內容較少，學生只要將老師配好的溶液倒入燒杯及鹽橋中，將裝置接上檢流計即完成實驗，對學生來說似乎不太過癮，也無法解決學生心中的疑問，更無法帶領學生深入思考電化學的影響因素，故本文加入二個自製電池的實驗，讓

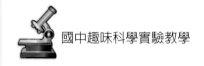

學生從日常生活取材去驗證電池的化學原理。

（四）教學步驟：

一、目的：以不同水果自製果凍電池，讓學生了解電池的基本構造與產生電壓、電流的原理。

二、**實驗材料**：各類水果（如：柳丁、草莓、番茄、奇異果等）、金屬片1cm×10cm（如：銅片、鋅片、鋁片）、燒杯、鱷魚夾、三用電錶、直尺、洋菜粉、酒精燈、蒸餾水、果汁機、保鮮膜、LED燈等。

三、**實驗步驟**：

◎請老師先教學生學會使用三用電錶，再進行下列實驗，如果沒有三用電錶亦可使用毫安培計及伏特計，但比較麻煩且數字較不易觀察。

▶ 人體電池

1. 將三用電錶的二極接上銅片（正極）與鋅片（負極），並以雙手分別抓住正極與負極，待穩定後，觀察三用電錶是否轉動？電壓及電流的數值為何？

2. 將二極的金屬片改為銅片（正極）與鋁片（負極），並以雙手分別抓住正極與負極，待穩定後，觀察三用電錶是否轉動？電壓及電流的數值為何？

3. 請同組的每一位同學嘗試該實驗，並可記錄每個人的電壓與電流數值。

4. 請同學想一想，為何人會產生電壓與電流呢？人體電池的

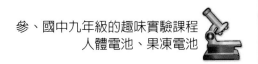

原理爲何？不同的金屬片爲何會有不同的結果？何種金屬的電壓、電流較大？

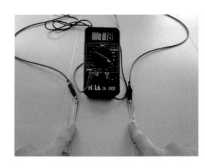

圖1　人體電池的電壓（銅—鋅）

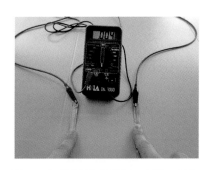

圖2　人體電池的電流（銅—鋅）

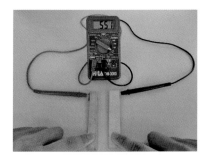

圖3　人體電池的電壓（銅—鋁）

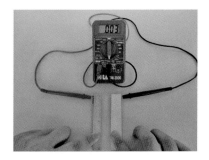

圖4　人體電池的電流（銅—鋁）

▶ 果凍電池

1. 將水果（如：柳丁），以果汁、果凍等方式呈現待用。

2. 以果汁機將水果打成果汁，將部分果汁煮沸後加入寒天粉（寒天：果汁 = 1：5），攪拌均勻並倒入容器中，放入冰箱冷藏以製成果凍。

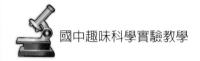

3. 將果凍以鋅片（1cm×10cm）當負極、銅片
（1cm×10cm）當正極，電極距離為1cm，電極深度分別為
1cm、2cm、3cm，以三用電錶分別測量其每種形式之電壓
及電流。

圖5　電極深度3cm的電流

圖6　電極深度1cm的電流

4. 將果凍以鋅片（1cm×10cm）當負極、銅片
（1cm×10cm）當正極，電極深度3cm、電極距離分別為
1cm、2cm、3cm，以電錶分別測量其每種形式之電壓及電
流。

圖7　電極距離1cm的電流

圖8　電極距離2cm的電流

5. 將果凍電池電極以並聯形式連接，觀察電壓、電流是否改變。以鋅片當負極、銅片當正極，電極深度3cm、電極距離爲1cm，分別並聯1組（銅—鋅）、2組（銅—銅—鋅—鋅）、3組（銅—銅—銅—鋅—鋅—鋅）等三種型式，進行測量「果凍」之電壓及電流。

圖9　果凍電池並聯裝置圖

圖10　透過珍珠板定距隔開電極

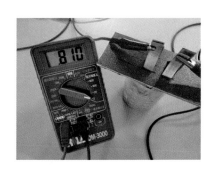

圖11　並聯三組的電壓

圖12　並聯三組的電流

6. 將果凍電池電極以串聯形式連接，觀察電壓電流是否改變。以鋅片當負極、銅片當正極，電極深度3cm、電極距

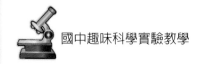
離爲1cm，分別串聯1組（銅─鋅）、2組（銅─鋅─銅─鋅）、3組（銅─鋅─銅─鋅─銅─鋅）等三種型式，進行測量「果凍」之電壓及電流。

圖13　串聯二組的電壓

圖14　串聯四組的電壓

圖14　並聯三組、串聯四組的電壓

圖15　並聯三組、串聯四組的電流

7. 從上述的步驟中，發現可以將電壓及電流增大的變因，並依照變因歸納出最佳的果凍電池（可串聯、並聯同時使用），並將水果電池接上LED燈、鬧鐘，看是否能讓電器運轉。

圖16　果凍電池讓時鐘運轉

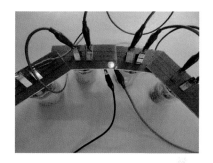

圖17　果凍電池讓LED燈發亮

8. 如果時間允許，可再進行下列變因的實驗。

9. 更換電極金屬片的種類，以鋁片當負極、銅片當正極，進行電極距離（1cm、2cm、3cm）、電極深度（1cm、2cm、3cm）、並聯（1、2、3組）、串聯（1、2、3組）的變因實驗。

10.改變果汁（果凍）濃度，將水果榨汁後，分別加入蒸餾水調配濃度為100%、75%、50%、25% 各50mL，再將不同濃度的果汁做成果凍，以鋅片當負極、銅片當正極，進行電極距離（1cm、2cm、3cm）、電極深度（1cm、2cm、3cm）、並聯（1、2、3組）、串聯（1、2、3組）的變因實驗。

11.可改使用其他水果（如：柳丁、草莓、番茄、奇異果等）進行以上實驗。

12.與同學討論影響果凍電池的變因有哪些，果凍電池能夠發電的主要原因為何？要有哪些要件才能變成可發電的電池？

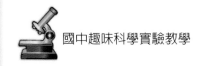

（五）教師延伸思考：

在「水果電池實驗」的教學中，可以從生活實用的角度看到另一種電池面貌的呈現，學生萬萬沒想到水果也可以做成電池，剛開始還會懷疑果汁真的會產生電嗎？做了以後才了解果汁是扮演電解質的角色。有部分學生國小時看過老師做柳丁電池的實驗，卻不知道原理為何？以為只有柳丁才能發電，經過實驗教學後，學生至少釐清的幾個概念：

(1)人體電池、水果電池產生電壓的主因在於二片金屬片的電動勢不同所導致，電動勢差越大所產生的電位差越大，套用在其他電池上道理亦同。

(2)水果的角色是電解質，電解質的濃度、流動性必然會影響電池的效果，果凍的效果雖然有時不如果汁，但果凍電池的可攜帶性及電極位置的穩定性卻無可取代，這也說明乾電池使用糊狀電解質的道理。

(3)電極金屬片的深度、面積會影響發電效果，說明接觸面積會影響反應速率，電極距離的遠近與「解離說」有關，這些概念都是國二理化的內容，教師也可藉此幫學生複習「反應速率」及「電解質與酸鹼鹽」的章節。

(4)水果電池的串並聯組合，可讓學生複習串聯與並聯的意義、了解串並聯會對電壓與電流造成何種影響，更重要的是可讓學生將水果電池組合接在LED燈或時鐘上，提高學生的學習成就感，也使實驗多了趣味性及實用性的功能。

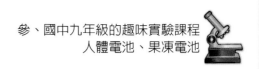

電池實驗學習單

一、人體電池（如右圖）-50分
　　過關標準：只要三用電表產生數值（＞0）即可。

二、果凍電池（如下圖）-50分

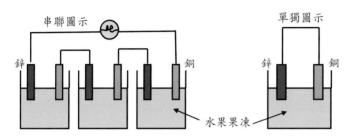

（一）探討水果電池在不同電極深度下的電流及電壓：（單獨1杯，電極距離1cm）

水果：_____	深度1cm	深度2cm	深度3cm
電壓（V）			
電流（mA）			

（二）探討水果電池在不同電極距離下的電流及電壓：（單獨1杯，電極深度3cm）

水果：_____	距離1cm	距離2cm	距離3cm
電壓（V）			
電流（mA）			

（三）探討水果電池在不同電極片數（並聯）下的電流及電壓：（單獨1杯，深度3cm、距離1cm）

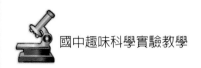

水果：＿＿＿＿＿	1片	2片	3片
電壓（V）			
電流（mA）			

（四）探討水果電池在不同串聯組數下的電流及電壓：（如上圖，電極深度 3cm、距離1cm）

水果：＿＿＿＿＿	單獨1組	串聯2組	串聯3組
電壓（V）			
電流（mA）			

（五）綜合以上結果，你可以歸納出一個最佳的組合辦法，可以使果凍電池組 驅動LED燈泡發亮或時鐘轉動？請說明你怎麼做的。

＿＿＿＿＿＿＿＿＿＿＿＿＿＿＿＿＿＿＿＿＿＿＿＿＿＿＿＿＿＿＿＿＿＿＿＿＿＿

＿＿＿＿＿＿＿＿＿＿＿＿＿＿＿＿＿＿＿＿＿＿＿＿＿＿＿＿＿＿＿＿＿＿＿＿＿＿

參考文獻

方金祥（1996），可回收低污染化學實驗器具組合，化學，**54(2)**，19-26。

方金祥（1997），減量減廢低污染簡易化學實驗之設計研究——簡易安全氧氣製備裝置，化學，**55(1)**，51-55。

方金祥（2002），**化學教學資源：微型化學實驗教學之理論與實務**，台北：國立編譯館。

沈永嘉譯（2000），**有趣的科學實驗100**，台北縣：世茂出版社。

邱博文（2010），物體在任意夾角θ的兩平面鏡之間會成幾個像，**科學教育月刊**，**335**，2-20。

施雯黛譯（2001），**77個簡易好玩的科學魔術**，台北市：方智出版社。

張淑慧（2003），**科學玩具遊戲教學之成效研究**，臺北市立教育大學科學教育研究所碩士論文，臺北市。

許良榮（2004），從科學遊戲到科學教學，**國教輔導**，44(2)，6-11。

許良榮（2009），**玩出創意：120個創新科學遊戲**，台北市：書泉出版社。

許良榮（2009），科學遊戲，科學教育月刊，316，43-48。

許良榮（2011），**玩出創意2：48個酷炫科學魔術**，台北市：書泉出版社。

許良榮（2014），**玩出創意3：77個奇趣科學玩具**，台北市：書泉出版社。

郭騰元（2000），**創意的科學玩具**，台北市：牛頓開發有限公司。

陳忠照（2003），**科學遊戲創意教學：致勝鮮師VS至聖先師**，臺市：心理。

楊明獻（2007a），改進國中理化課程教學之行動研究——以「光與折射」單元為例，科學教育月刊，306，27-42。

楊明獻（2007b），趣味科學實驗融入國中理化課程，科學教育月刊，315，51-63。

楊明獻（2010），改進國中理化課程教學——以「電壓與電流」單元為例，科學教育月刊，328，29-44。

楊明獻（2013），改進國中理化課程教學——趣味科學實驗，科學教育月刊，361，50-62。

楊明獻（2014），趣味力學實驗，科學教育月刊，373，21-35。

潘建達、曾揚傑、劉承翰等（2010），**凍未條！水果在放電——蕃茄「果凍」鋅銅乾電池**，中華民國第51屆中小學科學展覽會國中組作品說明書。

蕭次融、羅芳晁、房漢彬、施建輝（2000），**動手玩科學**，台北：遠哲科學教育基金會。

國家圖書館出版品預行編目資料

國中趣味科學實驗教學／楊明獻著. --二版.
-- 臺北市：五南圖書出版股份有限公司,
2021.04
　　面；　　公分

ISBN 978-986-522-592-6（平裝）

1.科學教育 2.科學實驗 3.中學教育

524.36　　　　　　　　110004010

1IA1

國中趣味科學實驗教學

作　　　者 ― 楊明獻(312.5)

發 行 人 ― 楊榮川

總 經 理 ― 楊士清

總 編 輯 ― 楊秀麗

副總編輯 ― 王正華

責任編輯 ― 金明芬

封面設計 ― 鄭瓊如、姚孝慈

出 版 者 ― 五南圖書出版股份有限公司

地　　　址：106台北市大安區和平東路二段339號4樓

電　　　話：(02)2705-5066　　傳　　真：(02)2706-6100

網　　　址：https://www.wunan.com.tw

電子郵件：wunan@wunan.com.tw

劃撥帳號：01068953

戶　　　名：五南圖書出版股份有限公司

法律顧問　林勝安律師事務所　林勝安律師

出版日期　2015年12月初版一刷
　　　　　2021年 4 月二版一刷

定　　　價　新臺幣360元

經典永恆·名著常在

五十週年的獻禮 —— 經典名著文庫

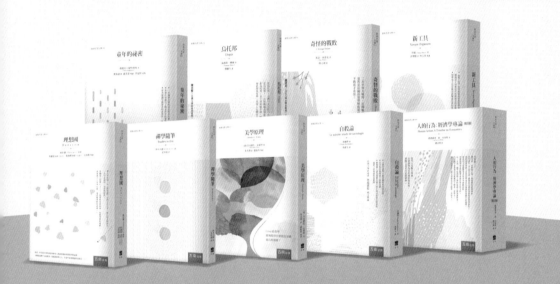

五南，五十年了，半個世紀，人生旅程的一大半，走過來了。

思索著，邁向百年的未來歷程，能為知識界、文化學術界作些什麼？

在速食文化的生態下，有什麼值得讓人雋永品味的？

歷代經典·當今名著，經過時間的洗禮，千錘百鍊，流傳至今，光芒耀人；

不僅使我們能領悟前人的智慧，同時也增深加廣我們思考的深度與視野。

我們決心投入巨資，有計畫的系統梳選，成立「經典名著文庫」，

希望收入古今中外思想性的、充滿睿智與獨見的經典、名著。

這是一項理想性的、永續性的巨大出版工程。

不在意讀者的眾寡，只考慮它的學術價值，力求完整展現先哲思想的軌跡；

為知識界開啟一片智慧之窗，營造一座百花綻放的世界文明公園，

任君遨遊、取菁吸蜜、嘉惠學子！